JULIETTE'S
BAKBOEK

JULIETTE'S BAKBOEK

Zoet en hartig gebak voor een lazy Sunday

BRENDA KEIRSEBILCK
FOTOGRAFIE STEFAN JACOBS

LANNOO

WOORD VOORAF

Ik hou van heerlijk luie zondagen, *Lazy Sundays*, dagen waarop ik weinig of niets plan ... 'Wat gaan we vandaag doen?' klinkt iedereen bekend in de oren. En precies dat geeft me goesting en inspiratie om zomaar voor mijn plezier wat te bakken. Of als ik 's ochtends verneem dat er in de vooravond familie of vrienden willen langskomen. De tijd is dan te kort om uren winkels af te lopen op zoek naar de juiste ingrediënten en daarna een halve dag te kokkerellen om mijn gasten lekkers voor te kunnen schotelen.
Dan hou ik ervan om gewoon een assortiment kleine, eenvoudige hapjes klaar te maken en die te presenteren in buffetvorm. Met een aperitief in de hand kiest iedereen dan om te eten wat en wanneer hij wil. En de heerlijke bakgeur in m'n huis is het meest warme welkom dat ik mijn gasten kan geven, toch?

Ik heb ontzettend veel positieve reacties gekregen op mijn eerste bakboek, *Juliette's Speculoos*, dat in het najaar 2011 verscheen. Dat komt omdat de gerechten in het boek allemaal eenvoudig te bereiden maar toch ontzettend lekker waren.

Voor dit nieuwe bakboek heb ik dezelfde filosofie aangehouden: eenvoudige bereidingsmethoden en voor de hand liggende ingrediënten.

In het boek vind je twee gerechten waarvan de beschrijving meer dan één pagina omvat. Laat je daardoor zeker niet afschrikken. Het zijn twee eenvoudige recepten die niet gek veel werk vragen. En mocht het je toch te veel werk lijken, laat dan gerust een tussenlaagje weg, ik verklap het aan niemand!

Tijd is bij sommige gerechten een belangrijk bestanddeel. Ik geraak wel eens ontmoedigd als ik ontdek dat ik eigenlijk de vorige dag al aan een bepaald gerecht had moeten beginnen. Ook 'Laat dit enkele uren in de koelkast opstijven' is niet m'n favoriete zin in een kookboek wanneer ik nog in de keuken sta, terwijl mijn gasten al op mijn deurdrempel blijken te staan.

Maar deeg moet nu eenmaal rusten en mousses dienen nu eenmaal op te stijven, dus ook in mijn eigen kookboek staan her en der gelijkaardige zinnen. Tip: gebruik je diepvriezer om sneller te werken ...

Wat m'n favoriete ingrediënten betreft: ook hier is eenvoud troef. Appels, peren en bananen liggen heel het jaar door in ieders fruitschaal en zakjes frambozen, mango en bosvruchten heb ik altijd in mijn diepvries zitten. Wist je trouwens dat vanillestokjes perfect in te vriezen zijn? Zo heb je altijd verse bij de hand.
Als je graag en regelmatig bakt, dan heb je best standaard in je koelkast een paar pakjes echte boter, wat halve litertjes verse room en een karton eitjes. En in je voorraadkast horen een bokaal krieken, suiker, diverse soorten bloem en wat flesjes amandel- en vanille-extract. Verder is het handig om rozijnen en enkele soorten noten in huis te hebben, evenals tot fijn poeder gemalen amandelen (pure broyage, dus niet de versie gemengd met suiker). En chocolade natuurlijk! Maar dat hebben wij Belgen sowieso altijd in huis.

Nu we het toch even over ingrediënten hebben. In het recept voor de Irish coffee-taart gebruik ik haverdrank en koffievervanger. Dit zijn twee producten die ik zelf dagelijks gebruik, maar als je die niet speciaal wilt kopen, dan kun je ze ook vervangen door gewone melk en gemalen koffie.

Qua bakbenodigdheden heb je voor de recepten in dit boek - op een suikerthermometer na - geen speciale attributen nodig. Ik werk zelf met een KitchenAid omdat ik dan mijn handen vrij heb om andere dingen te doen, maar je kunt natuurlijk ook met een gewone mixer werken.

Ik wens je veel inspiratie en veel '*lazy Sundays*' vol bakplezier!

Brenda

INHOUD

Zouts

Voor alle recepten ga ik uit van een heteluchtoven.
Met een traditionele oven mag je telkens 20 °C warmer bakken.

BASISRECEPTEN

De recepten op deze pagina's zijn voor grotere hoeveelheden dan nodig voor één taart. Zelf maak ik mijn croûte- en zanddeeg altijd in grotere hoeveelheden en vries ik ze nadien in porties van 100 à 150 gram in. Handig als je snel een taartje wilt bakken! Verpak ze wel goed in plasticfolie, zodat ze niet uitdrogen. De biscuit joconde en de biscuit moet je wel eerst afbakken vooraleer in te vriezen. Je kunt deze stapelen, maar leg er dan telkens een velletje bakpapier tussen zodat de lagen niet aan elkaar gaan kleven.

CROÛTEDEEG

350 g boter
250 g poedersuiker
65 ml melk
5 eierdooiers
1 ei
eventueel snufje vanille
650 g bloem

Tip: als het echt vooruit moet gaan en ik de dag zelf pas het deeg kan maken, dan werk ik via de diepvries. Meteen na het mengen druk je het deeg zo plat mogelijk tussen twee vellen plasticfolie en stop je het in de diepvries.

- Meng de boter met de suiker.
- Meng de melk met de eierdooiers, het hele ei en eventueel de vanille, en voeg het mengsel beetje bij beetje bij het boter-suikermengsel.
- Spatel de bloem erdoor en meng goed.
- Laat een nacht rusten in de koelkast.
- Rol het deeg uit en bedek de vorm.
- Dit croûtedeeg wordt heel snel warm en dus slap. Werk daarom met kleine beetjes tegelijk en laat de rest in de koelkast.
- Als er een scheurtje in je deeg ontstaat, is dat absoluut niet erg, maak het gewoon met je vingers in de vorm weer dicht of leg er een extra stukje deeg op.
- Zet de vorm met het deeg even in de koelkast, zodat het deeg weer koud kan worden.
- Verwarm de oven voor op 190 °C en bak de bodem tot hij mooi goudbruin is.

ZANDDEEG

3 eierdooiers
125 g suiker
125 g boter op kamertemperatuur
175 g bloem
10 g bakpoeder

- Klop de eierdooiers los met de suiker.
- Voeg de boter in kleine stukjes aan dit mengsel toe en meng goed.
- Zeef de bloem met het bakpoeder en voeg dit bij de rest van het deeg.
- Kneed alles goed door, wikkel het deeg in folie en laat het enkele uren rusten in de koelkast.
- Rol het deeg uit op 8 mm dikte. Leg het op een met bakpapier beklede vorm.
- Verwarm de oven op 200 °C en bak het deeg ongeveer 15 minuten tot het mooi goudbruin is

---

ZANDDEEG MET AMANDELEN

250 g bloem
50 g tot poeder gemalen amandelen (broyage)
200 g boter op kamertemperatuur
1 ei
1 eierdooier
beetje vanille-extract
140 g suiker

- Meng de ingrediënten (uitgenomen de suiker) en voeg na een minuut de suiker toe. Kneed tot een soepel deeg.
- Wikkel in plasticfolie en leg een nacht in de koelkast.
- Rol het deeg uit op 5 mm dikte. Leg het op een met bakpapier beklede vorm of in een bakcirkel.
- Verwarm de oven op 165 °C en bak het deeg ongeveer 8 minuten tot het mooi egaal gekleurd is.
- Laat afkoelen op de bakplaat.

BISCUIT JOCONDE

90 g fijngemalen amandelen
130 g suiker
1 eierdooier
2 eieren
25 g bloem
165 g eiwit
20 g boter

- Dit deeg wordt heel dun gebakken en meestal rond een bavarois gezet, zodat je de overgang tussen de verschillende lagen vulling aan de buitenkant niet ziet. In de versie op p. 87 heb ik het deeg lichtrood gekleurd en tussen de lagen gelegd om de overgang tussen de lagen te breken met een kleuraccentje.
- Verwarm de oven voor op 190 °C.
- Meng het amandelpoeder met 90 gram van de suiker.
- Voeg hier de eierdooier, de hele eieren en de bloem aan toe en meng goed.
- Klop het eiwit met de rest van de suiker stijf.
- Laat de boter smelten, voeg ze toe aan het deeg, meng goed en spatel er meteen het opgeklopte eiwit onder.
- Meng er indien gewenst een beetje rode kleurstof doorheen.
- Bedek een bakplaat met bakpapier en strijk de biscuit heel dun uit over de bakplaat.
- Laat ongeveer 7 minuten bakken in de oven. Als je lichtjes op de biscuit drukt, moet dat terugveren en mag er geen putje achterblijven.
- Haal de biscuit meteen met het bakpapier van de bakplaat en laat afkoelen.
- Draai de biscuit om nadat ze volledig afgekoeld is en haal het bakpapier er voorzichtig af.

KOEKJES EN CAKE

MARGRIETJES

VOOR 90 À 120 MARGRIETJES

320 g boter
180 g suiker
1 ei
400 g bloem
8 g citroenrasp
vanille-essence
snufje zout
frambozenconfituur of kriekjes

- Verwarm de oven voor op 175 °C.
- Meng de boter met de suiker en voeg de rest van de ingrediënten, behalve de confituur of de kriekjes, toe.
- Roer tot een glad deeg.
- Doe het deeg in een spuitzak met gekartelde spuitmond en spuit kleine bloemetjes op een met bakpapier beklede bakplaat.
- Maak met een natte vinger een klein kuiltje in het midden van elk bloemetje.
- Spuit hierin een beetje confituur of leg er een kriekje op.
- Laat de margrietjes 12 minuten bakken in de oven.

PAIN À LA GRECQUE

In tegenstelling tot wat nogal wat mensen denken, heeft dit koekje absoluut niets met Griekenland te maken. Volgens de overlevering rolden de paters Augustijnen vroeger hun overschotjes van brooddeeg door de suiker en deelden dit dan in hun abdij aan de Wolvengracht in Brussel uit aan de armen. In het Brussels dialect is een gracht een 'grecht', dus had je al snel 'bruut van de grecht' (brood van de gracht). Laat daar dan een tijdje later een Franse bezetter op los en ziedaar het ontstaan van het woord pain à la grecque.

335 ml melk
40 g gist
500 g bloem
2 eieren
185 g boter op kamertemperatuur
40 g suiker
1 koffielepel kaneel
1 koffielepel zout
grove kristalsuiker

- Verwarm de melk tot ze lauw is en los de gist hierin op.
- Meng met de bloem en de eieren tot een homogeen deeg.
- Bedek de kom met een schone theedoek en laat 15 à 20 minuten rijzen.
- Voeg de rest van de ingrediënten, behalve de kristalsuiker, toe en kneed tot een stevig deeg.
- Bedek de kom met een natte theedoek en laat opnieuw 10 minuten rijzen.
- Verdeel het deeg in porties van ongeveer 130 gram.
- Rol de porties deeg uit tot lange staven en rol ze door de grove suiker.
- Druk ze met behulp van een rolstok plat tot ongeveer 0,5 centimeter en leg ze op een met bakpapier beklede bakplaat.
- Bestrooi met kristalsuiker en laat rijzen tot ze verdubbeld zijn in volume.
- Verwarm de oven op 175 °C.
- Laat 20-25 minuten bakken tot ze mooi goudbruin zijn.
- Laat afkoelen en snijd desgewenst in stukken.

KOKOSMAKRONEN

VOOR 8 STUKS

300 g suiker
130 g eiwit
2 eetlepels abrikozenconfituur
300 g geraspte kokos
50 g bloem
80 g pure chocolade

- Verwarm de oven voor op 180 °C.
- Warm de suiker met het eiwit op en roer tot de suiker opgelost is.
- Roer de abrikozenconfituur door het suiker-eiwitmengsel.
- Voeg daarna de geraspte kokos toe en verwarm verder tot ongeveer 50 °C.
- Neem de kookpot van het vuur en roer er de bloem door.
- Scheur porties van 100 gram van het deeg en druk ze met behulp van een bakring in mooie cirkelvormen.
- Laat deze schijven 10 minuten bakken in de oven op 180 °C, verlaag de temperatuur dan naar 170 °C en laat nog 2 à 3 minuten bakken, tot ze mooi goudbruin zijn.
- Laat afkoelen.
- Smelt de chocolade au bain-marie.
- Doop de afgekoelde kokosschijven half in de chocolade en leg ze op een bakpapier om de chocolade te laten opstijven.

Tip: je kunt ditzelfde recept natuurlijk gebruiken voor de klassieke rotsjes. Schep die met een kleine ijslepel op bakpapier en verminder de baktemperatuur in dat geval niet maar laat ze de volle 13 minuten op 180 °C bakken.

ZANDKOEKJES

250 g boter op kamertemperatuur
200 g suiker
1/4 koffielepel vanille-essence
snufje zout
1 ei
1 eierdooier
500 g bloem
2 g bakpoeder
10 g cacaopoeder

- Meng de boter met de suiker.
- Voeg de vanille, het zout, het ei en de eierdooier toe en meng goed.
- Zeef de bloem met het bakpoeder en kneed door het deeg.
- Verdeel het deeg in twee gelijke delen.
- Meng het cacaopoeder door de helft van het deeg.
- Laat het deeg ingepakt in folie enkele uren rusten in de koelkast.
- Verwarm de oven op 180 °C.
- Verdeel beide degen in twee porties en maak er vier grote rollen van, met een diameter van ongeveer 3,5 centimeter.
- Leg 1 vanille- en 1 chocoladerol tegen elkaar en rol ze samen tot een gemarmerd effect. Maak er opnieuw een rol met een diameter van ongeveer 3,5 centimeter van.
- Snijd plakken van ongeveer 1 centimeter dikte van de gemarmerde rol, van de vanillerol en van de chocoladerol en leg ze op een met bakpapier beklede bakplaat.
- Laat de koekjes ongeveer 18 minuten bakken.

Als de randjes van de koek donkerder kleuren, zijn ze klaar, laat ze anders nog iets langer bakken.

KLETSKOPPEN

150 g boter op kamertemperatuur
600 g suiker
100 ml water
10 g kaneel
5 g zout
135 g gehakte amandelen
275 g bloem

- Meng de boter met de suiker.
- Voeg het water met de kruiden toe en klop goed door.
- Meng de amandelen door het deeg.
- Spatel er ten slotte voorzichtig de bloem onder.
- Bedek het deeg met plasticfolie en zet enkele uren in de koelkast.
- Verwarm de oven voor op 175 °C.
- Rol het deeg uit tot staven met een diameter van ongeveer 4 centimeter.
- Snijd de staven in plakken van ongeveer 1 centimeter dik en leg ze op een goed ingevette bakplaat.
- Druk ze lichtjes plat en laat ze ongeveer 13 minuten bakken in de oven, tot ze mooi goudbruin zijn.

CHOC CHIP COOKIE

VOOR 90 KLEINE OF
10 GROTE KOEKEN

150 g boter
100 g donkere cassonade
100 g suiker
paar druppels vanille-essence
1 ei
250 g bloem
4 g bakpoeder
350 g chocoladedruppels

- Meng de boter met de twee soorten suiker.
- Voeg de vanille en het ei toe en meng goed.
- Zeef de bloem met het bakpoeder en kneed door het deeg.
- Voeg de chocolade pas op het einde toe en laat niet te lang draaien, zodat de stukjes chocolade niet kapotgaan.
- Wikkel het deeg in plasticfolie en leg het enkele uren in de koelkast.
- Verwarm de oven op 175 °C.
- Rol het deeg uit tot staven met een diameter van ongeveer 3,5 centimeter.
- Snijd de staven in plakken van ongeveer 1 centimeter dik en leg ze op een met bakpapier beklede bakplaat.
- Laat 13 minuten bakken in de oven en geef ze indien nodig nog een extra minuutje of twee. Grotere koeken bak je ongeveer 20 minuten op 165 °C.
- Laat ze niet te lang bakken, anders verbrandt de chocolade!

TARTINES RUSSES

Voor het deeg

300 g boter op kamertemperatuur

300 g suiker

300 g bloem

Voor de vulling

200 ml melk

200 g suiker

2 eierdooiers

500 g boter op kamertemperatuur

eventueel 1 vanillestokje

- **Deeg:** verwarm de oven voor op 200 °C.
- Meng de boter met de suiker.
- Voeg de bloem toe en meng tot een homogeen deeg.
- Verdeel het deeg over een met bakpapier beklede bakplaat.
- Druk het met de handen goed plat zodat de hele bakplaat bedekt is.
- Schuif de plaat in de oven en laat 15-20 minuten bakken, tot het deeg mooi goudbruin is.
- Haal de plaat uit de oven en snijd de koek meteen in rechthoekjes of vierkantjes.
- Laat afkoelen en draai ze dan om zodat ze met de mooie kant naar boven liggen.

- **Vulling:** maak een compositie van de melk, de suiker en de eierdooiers.
- Verwarm al roerend tot 82 °C.
- Laat afkoelen.
- Mix de boter door de compositie.
- Voeg eventueel naar smaak het merg van het vanillestokje toe.
- Spuit met behulp van een spuitzak kleine toefjes op de helft van de koekjes
- Bedek met de andere helft.

Tip: je kunt ook rondjes uit de koek steken.

CUBERDONMERINGUE

Ik vind meringues iets heel feestelijks hebben en je kunt er alle richtingen mee uit qua smaak. Voor deze meringues heb ik een combinatie van verse cuberdons en cuberdonsiroop gebruikt. De verse cuberdon smelt helemaal weg en vormt een plasje op de bodem.

VOOR 8 STUKS

2 eiwitten
125 g kristalsuiker
1 koffielepel cuberdonsiroop
8 verse cuberdons

Voor speculoosmeringue
(zie foto p. 29)
2 eiwitten
125 g donkere cassonade
snufje speculooskruiden

- Verwarm de oven voor op 100 °C.
- Klop de eiwitten stijf in een absoluut vetvrije kom.
- Voeg de suiker lepel per lepel aan het eiwit toe en klop ondertussen verder tot pieken ontstaan.
- Schep de helft van de massa voorzichtig in een spuitzak met gladde spuitmond, voeg de cuberdonsiroop toe aan de rest van de massa en klop nog even door tot de kleur egaal lichtroze is.
- Spuit acht rondjes op een met bakpapier beklede bakplaat.
- Zet in het midden van elk rondje een cuberdon.
- Vul een spuitzak met de roze meringue en spuit om de cuberdon heen, ervoor zorgend dat deze helemaal bedekt is.
- Laat de meringues 2 uur bakken en zet de oven daarna uit.
- Als je krokante meringues wilt, kun je ze in de oven laten staan tot deze volledig afgekoeld is.
- Wil je zachtere meringues, haal ze dan meteen uit de oven en laat ze zo afkoelen.

- **Speculoosmeringue:** ga op dezelfde manier te werk als voor de cuberdonmeringue, maar voeg de speculooskruiden toe in plaats van de cuberdonsiroop.

Tip: omdat de meringue in twee delen gespoten werd, kun je de bovenste helft er gemakkelijk afhalen. Je kunt dan een bolletje vanille-ijs op de onderste helft leggen, dekseltje er weer op doen en je hebt een heerlijk en origineel gerecht.

SPECULOOSWAFELTJES

Voor klassieke speculoos

500 g boter op kamertemperatuur
250 g donkere cassonade
250 g blonde cassonade
50 ml water
1 kg bloem
10 g bakpoeder
10 g speculaaskruiden

Voor vanillespeculoos

500 g boter op kamertemperatuur
500 g kristalsuiker
50 ml water
1 kg bloem
10 g bakpoeder
1 flesje vanille-extract

- Klop voor beide soorten de boter romig en voeg de twee soorten suiker toe.
- Kneed goed en voeg het water toe.
- Zeef de bloem met het bakpoeder en de kruiden (en het vanille-extract voor de vanillespeculoos) en meng dit onder het deeg.
- Kneed tot een stevig deeg.
- Laat enkele uren rusten in de koelkast voor je het bakt.

- Verwarm een wafelijzer met fijne ruit.
- Maak kleine bolletjes van het deeg, zorg dat ze allemaal ongeveer even groot zijn.
- Leg de bolletjes in het wafelijzer en druk het goed dicht.
- Laat enkele minuten bakken tot de wafeltjes een mooie kleur hebben.

Voor de speculoosmeringues links op de foto, zie pagina 26.

BLOEMETJES MET LIMOENVULLING

Voor de koekjes

200 g boter op kamertemperatuur

200 g suiker

1 ei

1 eetlepel citroenessence

400 g bloem

Voor de vulling

1 ei

1 eierdooier

75 g poedersuiker

1 eetlepel maïzena

125 ml limoensap

30 g boter op kamertemperatuur

- **Koekjes:** meng de boter met de suiker.
- Voeg het ei en de citroenessence toe en meng goed.
- Klop de bloem beetje bij beetje door het deeg.
- Wikkel het deeg in plasticfolie en laat enkele uren rusten in de koelkast.
- Verwarm de oven voor op 180 °C.
- Bestuif het werkblad met een weinig bloem en rol het deeg dun uit, ongeveer 0,5 centimeter dik.
- Steek de gewenste vorm uit en laat de koekjes ongeveer 10 minuten bakken in de oven.
- Afhankelijk van de grootte laat je ze eventueel langer bakken.

- **Vulling:** klop het ei en de eierdooier los en meng met de suiker.
- Voeg de maïzena toe en klop goed door, zodat er geen klonters overblijven.
- Breng het limoensap aan de kook.
- Voeg al roerend het eiermengsel toe aan het limoensap en breng opnieuw aan de kook.
- Voeg al kloppend de boter beetje bij beetje toe en mix alles tot een homogene massa.
- Laat volledig afkoelen voor gebruik.

Tip: je kunt ook geraspte limoenschil toevoegen aan het koekjesdeeg.

LUKKEN VAN MIJN MÉMÉ GERARDA

Lukken zijn van oorsprong typisch West-Vlaamse koekjes die rond Nieuwjaar gebakken en uitgedeeld werden. Vandaar de naam, ze waren bedoeld om geluk te wensen in het nieuwe jaar. Het zal ongetwijfeld een van de vroegste kerstherinneringen uit mijn kindertijd zijn, mijn mémé die lukkendeeg maakte. Het deeg op zich is al superlekker, dus werd bij haar de helft van het deeg in bolletjes gedraaid om bij de koffie te serveren en de andere helft verdween in het lukkenijzer. Elk jaar opnieuw waren mijn broer en ik een dag ziek omdat we gewoon té veel deeg aten, maar het was o zo lekker. Nadat mijn mémé overleed, ontfermde tante Anna zich over recept en ijzer, beide mochten niet ontbreken in dit boek!

VOOR 140 LUKKEN

250 g boter
500 g suiker
3 eieren
1 borrelglaasje cognac (*)
500 g bloem
snufje zout

- Laat de boter op kamertemperatuur heel zacht worden, ze moet bijna gesmolten zijn.
- Voeg de suiker toe en meng goed.
- Voeg de eieren één voor één toe, samen met de cognac.
- Voeg de bloem en het zout toe en kneed goed.
- Laat het deeg een nacht op een koele plaats rusten.
- Verdeel het deeg in kleine bolletjes (ronde lukken) of rolletjes (ovale lukken).
- Verwarm een wafelijzer met kleine ruit, bebeoter indien nodig de platen af en toe.
- Bak eventjes tot de randjes bruin worden.
- Haal met een paletmes de koekjes uit het ijzer en leg ze op een vlakke ondergrond. De wafeltjes zijn nog heel zacht en zullen op die manier mooi plat afkoelen.

(*) Bij ons thuis werd een glaasje Strohrum toegevoegd, maar je kunt ook Grand Marnier gebruiken als je niet van rum of cognac houdt. En wie niet van alcohol in koekjes houdt, kan het gewoon weglaten.

CHOCOLADE-KARAMELKOEKEN

Voor de koeken

200 g boter op kamertemperatuur
200 g poedersuiker
1 ei
snufje zout
1 eetlepel vanille-extract
300 g bloem
100 g maïzena

Voor de vulling

1 blikje gesuikerde gecondenseerde melk
100 g donkere chocolade
250 g boter

- **Koeken:** klop de boter in een keukenmachine met de vlinder romig.
- Voeg de poedersuiker toe en meng goed.
- Voeg het ei, het zout en het vanille-extract toe.
- Zeef de bloem en de maïzena samen en meng ze met het deeg.
- Wikkel het deeg in plasticfolie en laat een nacht rusten in de koelkast.
- Verwarm de oven voor op 165 °C.
- Rol het deeg dun uit, tot het ongeveer 4 mm dik is.
- Steek vormpjes uit het deeg en leg ze op een met bakpapier beklede bakplaat.
- Bak de koekjes 15 minuten tot ze een lichtbruin kleurtje hebben. Laat ze afkoelen op een rooster.

- **Vulling:** doe de melk in een steelpan en verwarm op een matig vuur. Roer regelmatig en voorzichtig, zodat de melk op de bodem niet aanbrandt en het niet spat.
- Laat op het vuur staan tot de melk mooi lichtbruin wordt en een karamelsmaak krijgt.
- Haal van het vuur en laat afkoelen, roer regelmatig om de karamel sneller te laten afkoelen.
- Laat de chocolade au bain-marie smelten als de karamel bijna volledig afgekoeld is. Roer ook hier een paar keer goed door, zodat de chocolade een beetje afkoelt.
- Klop ondertussen de boter romig en voeg de gesmolten chocolade hieraan toe. Roer goed door en voeg de afgekoelde karamel toe aan het mengsel. Spatel flink tot een egale massa.
- Draai de koekjes om, zodat de onderkant naar boven wijst.
- Verdeel met behulp van twee lepels of een spuitzak de chocolade over de helft van de koekjes.
- Bedek met de andere helft en zet op een koele plaats tot de vulling opgesteven is.
- Werk indien gewenst af met gesmolten chocolade. Smelt daarvoor wat chocolade au bain-marie en doop hierin de gevulde koekjes. Leg ze op bakpapier om op te stijven.

ROND BOKKENPOOTJE

VOOR 25 STUKS

Voor de bokkenpootjes

5 eiwitten
415 g suiker
225 g gemalen amandelen
50 g bloem
25 g aardappelbloem

Voor de vulling

240 ml room
80 g glucose
80 g kristalsuiker
200 g melkchocolade (*)
80 g boter op kamertemperatuur

- **Bokkenpootjes:** verwarm de oven voor op 185 °C.
- Klop de eiwitten met 190 gram van de suiker tot schuim.
- Meng de rest van de suiker met de gemalen amandelen.
- Voeg de bloem en de aardappelbloem toe aan het amandel-suikermengsel.
- Spatel dat mengsel kort door het schuim.
- Spuit met behulp van een spuitzak toefjes op een bakplaat.
- Voorzie voldoende ruimte tussen de toefjes, want ze lopen een klein beetje uit.
- Laat 18 minuten bakken in de oven.

- **Vulling:** verwarm de room samen met de glucose en de kristalsuiker tot net aan het kookpunt en neem van het vuur.
- Giet over de in stukjes gebroken melkchocolade en roer af en toe tot de chocolade volledig gesmolten is.
- Laat afkoelen tot kamertemperatuur en roer er dan de boter door.
- Zet de vulling een uurtje in de koelkast.

- Warm voor de afwerking de vulling een heel klein beetje op, zodat je ze in een spuitzak kunt doen.
- Bedek de helft van de koekjes met de vulling en leg er de andere helft op.
- Zet eventjes in de koelkast zodat de vulling opnieuw kan opstijven en serveer.

(*) Je kunt alle soorten tabletten chocolade gebruiken, ook met een smaakje, zodat je op een eenvoudige manier bijvoorbeeld een noten- of truffelsmaakje in je vulling krijgt.

GEVULDE WAFELTJES

VOOR 20 STUKS

Voor de wafeltjes

200 g boter op kamertemperatuur
125 g suiker
3 eieren
1 vanillestokje
50 ml melk
50 g gist
500 g bloem

Voor de vulling

100 ml melk
100 g suiker
1 eierdooier
1 vanillestokje
250 g boter op kamertemperatuur

- **Wafeltjes:** meng de boter met de suiker.
- Voeg de eieren één voor één toe en meng altijd goed voor je het volgende ei toevoegt.
- Schraap het merg uit het vanillestokje en meng dit met de melk.
- Warm deze lichtjes op en los de gist hierin op.
- Kneed het boter-suikermengsel met de melk en de bloem tot een taai deeg.
- Verdeel het deeg in porties van ongeveer 30 gram en rol er kleine worstjes van.
- Leg ze op een met bakpapier beklede bakplaat en laat een half uurtje rijzen.
- Verwarm een wafelijzer met kleine ruitjes.
- Leg het deeg in het midden en bak kort, de wafeltjes moeten nog licht van kleur zijn.
- Haal de wafeltjes uit het ijzer en snijd ze meteen horizontaal door.
- Laat afkoelen.

- **Vulling:** maak een compositie van de melk, de suiker, de eierdooier en het vanillestokje.
- Verwarm al roerend tot 82 °C.
- Laat afkoelen.
- Haal het vanillestokje uit de compositie en mix de boter door de compositie tot een mooie, gladde massa ontstaat.
- Schep een flinke lepel boterroom op het wafeltje en smeer een beetje open, plooi het wafeltje dicht en duw de boterroom plat.
- Je kunt de wafeltjes vullen met elke gewenste vulling: boterroom met een smaakje, een mengsel van boter met bruine suiker, confituur enzovoort.

MACARONS

Voor de koffiemacarons
7 eiwitten
500 g poedersuiker
een snufje zout
1 koffielepel citroensap
3 druppels koffie-extract
250 g fijngemalen amandelen

Voor de chocolademacarons
idem maar 40 g donkere cacaopoeder in plaats van koffie-extract

Voor de chocoladeganache
120 ml room
40 g glucose
40 g kristalsuiker
100 g donkere chocolade, in stukken
40 g boter op kamertemperatuur

- **Koffiemacarons:** klop de eiwitten met 50 gram van de poedersuiker, het zout en het citroensap tot een stevig schuim.
- Voeg het koffie-extract toe en meng door het schuim.
- Zeef de rest van de poedersuiker met de amandelen en spatel deze door het eiwit.
- Voor de chocolademacarons wordt de cacao ook meegezeefd met de poedersuiker.
- Meng voorzichtig tot een mooie, blinkende massa.
- Doe het beslag in een spuitzak en spuit mooie rondjes op een met bakpapier beklede bakplaat.
- Laat 15 minuutjes 'macaroneren': de bovenkant zal een soort korstje vormen waardoor ze na het bakken minder broos zullen zijn.
- Verwarm de oven voor op 150 °C.
- Kleine macarons met een diameter van 3-4 centimeter zijn na 11-12 minuten al voldoende gebakken, macarons van 5-6 centimeter laat je 20 minuten bakken.

- **Chocoladeganache:** verwarm de room met de glucose en de kristalsuiker tot net aan het kookpunt en neem van het vuur.
- Giet over de chocolade en roer af en toe tot deze volledig gesmolten is.
- Laat afkoelen tot kamertemperatuur en roer er dan de boter door.
- Zet de ganache enkele uren in de koelkast.
- Warm de ganache heel lichtjes op, zodat ze smeerbaar is.
- Spuit de ganache op de onderkant van een macaron en bedek met een andere macaron.

ROLLITOS

Oorspronkelijk was dit koekje alleen bedoeld voor de culinaire wandelingen tijdens De Week van de Smaak, maar het heeft dan toch zijn weg gevonden naar ons vaste assortiment.

VOOR 50 STUKS

90 g suiker
90 g heel fijn gemalen amandelen
60 g bloem
180 g poedersuiker, plus extra om te bestrooien
4 eiwitten

- Verwarm de oven voor op 175 °C.
- Meng de suiker met de amandelen.
- Voeg de bloem en de poedersuiker toe en meng alles goed.
- Mix het mengsel en voeg de eiwitten in een straal toe.
- Klop tot een homogeen mengsel.
- Spuit met behulp van een spuitzak vijftig toefjes op een met bakpapier beklede bakplaat.
- Laat voldoende ruimte vrij tussen de koekjes, want ze lopen nog een beetje uit.
- Bestrooi met een beetje poedersuiker.
- Laat 14-15 minuten bakken in de oven.
- Laat de koekjes afkoelen voor je ze van de bakplaat neemt.

NOTENKOEK

150 g boter op kamertemperatuur
150 g suiker
1 vanillestokje
snufje zout
1 ei
150 g bloem
175 g gehakte hazelnoten

- Maak de boter zacht en voeg de suiker toe zodra ze mooi romig is.
- Schraap het merg uit het vanillestokje en voeg het toe samen met het zout.
- Doe het ei erbij en meng alles goed.
- Zeef de bloem en doe ze bij het deeg, meng tot een mooie egale massa.
- Roer er ten slotte nog kort de hazelnoten onder.
- Laat het deeg eventjes rusten in de koelkast.
- Verwarm de oven voor op 175 °C.
- Rol het deeg uit op een licht bebloemd oppervlak en steek er rondjes uit.
- Bekleed een bakplaat met bakpapier en leg de rondjes hierop.
- Laat ze ongeveer 15 minuten bakken in de oven, tot ze mooi goudbruin zijn.

VANILLEKOEK MET CONFITUUR

350 g boter op kamertemperatuur
350 g suiker
1 ei
1/2 koffielepel vanille-essence
500 g bloem
confituur
eventueel amandelschilfers

- Meng de boter met de suiker.
- Voeg het ei en de vanille-essence toe en meng goed.
- Schep er de bloem onder en kneed goed door.
- Laat het deeg ingepakt in folie enkele uren rusten in de koelkast.
- Verwarm de oven voor op 175 °C.
- Bestuif een werkvlak heel licht met bloem.
- Rol het deeg uit tot een dikte van ongeveer 3 millimeter.
- Bestrijk met een streepje confituur en strooi er eventueel wat amandelschilfers over.
- Laat 13 minuten bakken in de oven. De koeken zijn klaar als ze goudbruin gebakken zijn.

CUPCAKES MET APPEL EN LUIKSE SIROOP

VOOR 12 STUKS

Voor de cakes

125 g kristalsuiker
125 g boter
2 eieren
125 g zelfrijzende bloem
2 eetlepels melk
100 g gedroogde appel

Voor de topping

75 g eiwit
150 g suiker
225 g boter (op kamertemperatuur, in blokjes gesneden)
Luikse siroop

- **Cakes:** verwarm de oven voor op 160 °C.
- Bekleed een muffinblik met twaalf papieren vormpjes.
- Meng de suiker en de boter tot een homogene massa.
- Meng de eieren een voor een onder de massa.
- Voeg de bloem toe en mix heel kort tot een egale massa.
- Doe de melk erbij en mix heel kort tot de melk opgenomen is.
- Spuit met een spuitzak de vormpjes voor de helft vol.
- Verdeel de stukjes gedroogde appel over het deeg.
- Spuit de rest van het deeg over de appels, zorg ervoor dat deze bedekt zijn.
- Laat ongeveer 22 minuten bakken in de oven. De cakes zijn gaar als er niets blijft plakken aan de cakeprikker.

- **Topping:** het gebruik van een mixer of keukenmachine is hier aanbevolen.
- Klop het eiwit en de suiker los met een garde.
- Klop daarna au bain-marie verder tot de suiker helemaal opgelost is.
- Giet het mengsel in de kom van de keukenmachine en klop met de klopper op middelhoge snelheid verder tot de massa opgesteven is en de kom langs buiten koud aanvoelt.
- Vervang de klopper door een K-klopper/vlinder. Voeg de boter blokje per blokje toe en blijf kloppen. Het geheel zal eerst korrelig worden en dan lijkt het alsof het zal schiften, maar dat is normaal, klop gewoon verder tot de massa glad is.
- Voeg een flinke schep Luikse siroop toe en mix tot de siroop helemaal opgenomen is.
- Voeg naar smaak eventueel extra siroop toe.
- Breng met een spuitzak toefjes op de cupcakes aan.
- Verwarm twee eetlepels siroop tot hij vloeibaar is en sprenkel met behulp van een koffielepel over de cakes.

KATTENTONG

250 g boter op kamertemperatuur
250 g poedersuiker
1 eetlepel vanille-extract
200 g eiwitten
300 g bloem
1 koffielepel koffie-extract
chocolade
gehakte nootjes

- Verwarm de oven voor op 175 °C.
- Klop de boter romig.
- Voeg de poedersuiker en het vanille-extract toe.
- Doe de eiwitten in een grote kom en klop ze eventjes, zodat ze mooi gemengd zijn.
- Voeg beetje bij beetje toe aan het botermengsel en klop telkens goed door.
- Voeg ten slotte de bloem toe en spatel deze onder het deeg.
- Doe de helft van het deeg in een aparte kom en voeg het koffie-extract toe.
- Bekleed een bakplaat met bakpapier en spuit er het deeg op in staafjes van 6 centimeter.
- Laat ze ca. 8 minuten bakken in de oven tot er aan de buitenkant een bruin randje ontstaat.
- Haal de koekjes uit de oven en laat ze afkoelen op een rooster.

Tip: serveer de kattentongen met een kommetje gesmolten chocolade en gemalen hazelnootjes.

CAKEPOPS

Je kunt met deze cakebolletjes alle richtingen uit qua smaken en decoratie.

(overschotje) cake
boterroom, choco, roomkaas of speculoospasta
stokjes
200 g chocolade
gehakte noten, hagelslag, gedroogde kokos...

- Er bestaat niet echt een standaardrecept voor. Je neemt een (overschotje) cake en verkruimelt die helemaal.
- Voeg iets toe om de kruimels plakkerig te maken, zoals boterroom, choco, roomkaas, speculoospasta of wat dan ook. Voeg de kleefstof lepel per lepel toe, de kruimels moeten net aan elkaar kleven maar het geheel mag niet te nat worden.
- Neem telkens een beetje deeg en draai het tussen je handpalmen tot een mooi bolletje. Leg de bolletjes naast elkaar op een vlakke schotel.
- Laat de chocolade au bain-marie smelten.
- Dop de stokjes in de gesmolten chocolade en steek in elk bolletje een stokje.
- Zet de schotel een half uurtje in de diepvries.
- Verwarm de chocolade terug au bain-marie.
- Zet de decoratie klaar in een soepbord: gehakte noten, hagelslag, gedroogde kokos enzovoort.
- Neem een cakebolletje, haal het door de chocolade, en draai het een paar keer rond om het teveel aan chocolade weg te halen.
- Houd het bolletje boven het soepbord en strooi de decoratie over de nog natte chocolade, terwijl je het bolletje ronddraait om een gelijkmatige versiering te krijgen.
- Zet het bolletje op vetvrij bakpapier om op te stijven.

MAANZAADCAKE

Voor de cake

115 g boter

225 g suiker

250 g zelfrijzende bloem

2 eieren

180 ml melk

3 eetlepels maanzaad

2 eetlepels vers sinaasappelsap

Voor de siroop

250 ml sinaasappelsap

500 g suiker

- **Cake:** verwarm de oven op 180 °C.
- Klop de boter met de suiker tot een romige massa.
- Zeef de bloem en voeg ze toe samen met de losgeklopte eieren.
- Voeg de melk, het sinaasappelsap en het maanzaad toe.
- Meng alles goed en giet in een ingevette bakvorm.
- Laat 35-50 minuten bakken in de oven, afhankelijk van je bakvorm.
- Prik met een spies in de cake, als de spies er droog uitkomt, is de cake gaar.

- **Sinaasappelsiroop:** breng hiervoor het sinaasappelsap en de suiker aan de kook en laat tot de helft indikken.

- **Afwerking:** haal de cake uit de vorm, prik met de spies gaten in de bovenkant en giet er meteen de warme sinaasappelsiroop over.
- Laat afkoelen op een rooster.

Tip: een sinaasappelsmaak past perfect bij maanzaad, je kunt voor een intensere smaak in dit recept de zeste van twee sinaasappelen toevoegen.

HAZELNOOTCAKE MET BEURRE-NOISETTESAUS

Voor de cake

250 g boter op kamertemperatuur
400 g donkere cassonade
4 grote eieren
300 g bloem
50 g volkorenbloem
2 koffielepels bakpoeder
200 ml karnemelk
150 g tot poeder gemalen hazelnoten

Voor de beurre-noisettesaus

115 g boter
250 g fijne kristalsuiker
2 eetlepels melk
2 koffielepels vanille-extract

gehakte hazelnoten

Tip: je kunt een roestvrijstalen, bolvormige slakom (verkrijgbaar bij Ikea) gebruiken als bakvorm voor deze cake.

- **Cake:** verwarm de oven voor op 195 °C.
- Klop de boter met de cassonade tot een luchtige massa.
- Voeg de eieren één voor één toe.
- Zeef de twee soorten bloem en het bakpoeder en meng een derde ervan door het deeg.
- Voeg nu de helft van de karnemelk toe en klop goed onder elkaar.
- Herhaal met opnieuw een derde van de bloem en de karnemelk en eindig met de rest van de bloem.
- Voeg als laatste de gemalen hazelnoten toe.
- Giet het in een ingevette, bolvormige bakvorm en laat 10 minuten bakken.
- Verlaag de temperatuur naar 185 °C en laat nog 40 minuten bakken.
- Laat nog 5 minuten extra bakken als een spies nog een beetje plakt als je hem in de cake prikt.
- Laat de cake 10 minuten in de vorm zitten voor je hem op een rooster omdraait om af te koelen.

- **Beurre-noisettesaus:** laat ondertussen de boter smelten en laat ze in enkele minuten mooi bruin worden.
- Giet over in een kom zodat het bezinksel achterblijft.
- Voeg de suiker, de melk en het vanille-extract toe en roer tot een glad mengsel.
- Voeg indien nodig nog een klein beetje melk toe (maximaal drie eetlepels).
- Zet de cake op de serveerschaal en giet de nog warme beurre-noisettesaus erover.
- Bestrooi met de gehakte hazelnoten.

STEVIGE BANANENCAKES

180 g boter
135 g suiker
2 eieren
100 g bloem
1 theelepel bakpoeder
1 theelepel kaneel
75 g volkorenmeel
4 zeer rijpe bananen
70 g gehakte walnoten

- Verwarm de oven voor op 180 °C.
- Klop 130 gram boter en de suiker tot een gladde massa.
- Voeg de eieren toe en klop ondertussen verder.
- Zeef de bloem met het bakpoeder boven het deeg.
- Klop alles goed door.
- Voeg de kaneel en het volkorenmeel toe en roer alles goed door elkaar
- Plet de bananen en schep ze met een spatel door het deeg.
- Doe er ten slotte de gehakte walnoten bij en meng kort met een spatel.
- Schep het deeg met een ijsschepper in een ingevet muffinblik en laat 30 minuten bakken.
- Smelt de resterende 50 gram boter.
- Haal de cakes uit de oven en smeer de gesmolten boter met een borsteltje op de bovenkant.
- Laat afkoelen op een rooster.

TAART EN ANDER ZOETS

FRANGIPANETAARTJES

Taartbodems van croûtedeeg
(zie recept p. 8-9)

Voor de vulling
100 g boter
100 g suiker
100 g broyage (mengsel van 1 deel amandelpoeder en 1 deel suiker)
2 eieren
40 g bloem
klein beetje citroensap
abrikozenconfituur
rozijnen
hele amandelen

- **Taartbodems:** maak het croûtedeeg zoals op pagina 8-9, maar gebruik kleine vormpjes.

- **Vulling:** verwarm de oven voor op 180 °C.
- Klop de boter en de suiker luchtig wit.
- Meng de broyage eronder.
- Voeg 1 ei toe en meng goed voor je het tweede ei toevoegt. Voeg het citroensap toe.
- Meng goed en zeef er dan voorzichtig de bloem onder.
- Neem de vormpjes met het deeg uit de koelkast en bestrijk de bodem met abrikozenconfituur. Strooi er royaal rozijnen overheen.
- Bedek met de frangipane.
- Versier met de hele amandelen.

- Zet de taartjes in de oven en laat ze bakken tot de bovenkant mooi goudkleurig is.
- Als je een blinkende bovenkant wilt, kun je de cakejes meteen als ze uit de oven komen bestrijken met warme abrikozenconfituur.

AARDBEIENTAART

100 à 150 g croûtedeeg
(zie recept p. 8-9)

50 g suiker
1 eierdooier
23 g maïzena
250 ml melk
1 vanillestokje
150 ml verse slagroom (minstens 40% vetgehalte)
500 g aardbeien
poedersuiker
verse munt

- Bedek een ingevette vorm met croûtedeeg en zet in de koelkast.
- Verwarm de oven voor op 190 °C en bak de taartbodem tot hij mooi goudbruin is.
- Haal de bodem uit de oven en laat afkoelen.

- Meng 25 gram van de suiker met de eierdooier en de maïzena.
- Voeg een beetje melk toe tot een gladde pap ontstaat.
- Snijd het vanillestokje door, schraap het merg eruit en voeg dit bij de rest van de melk.
- Breng aan de kook met de rest van de suiker.
- Voeg het eiermengsel aan de kokende melk toe en laat goed doorkoken.
- Stort de pudding in een lage schotel, dek af met plasticfolie, die je op de pudding drukt om velvorming te voorkomen.
- Bedek de taartbodem met een dun laagje afgekoelde pudding.
- Klop de slagroom stijf en klop hem voorzichtig door de rest van de pudding.
- Doe het mengsel in een spuitzak en vul de rest van het taartje, maar zorg dat je ongeveer 1 centimeter onder de bovenrand blijft.
- Snijd de aardbeien in plakjes en bedek de taart volledig.
- Bestrooi met wat poedersuiker en garneer met fijngesneden munt.

CITROENTAART

Een niet-zo-gele variant op de klassieker.

Voor het deeg
150 g bloem
25 g suiker
125 g boter, in blokjes
1 eierdooier

Voor de vulling
3 eieren
6 eierdooiers
200 g suiker
100 g kwark
175 ml vers citroensap
poedersuiker, om te bestrooien

- **Deeg:** verwarm de oven voor op 180 °C.
- Meng de bloem met de suiker.
- Voeg de boter en de eierdooier toe en meng tot het deeg begint te plakken.
- Leg het deeg in een beboterde vorm en strijk het met de handen uit tot de vorm volledig bekleed is.
- Bedek met bakpapier en gedroogde bonen.
- Laat ongeveer 25 minuten bakken in de oven.

- **Vulling:** meng de eieren met de eierdooiers en de suiker.
- Klop de kwark erdoor.
- Voeg als laatste het citroensap toe.

- Haal de gebakken bodem uit de oven en verwijder eventuele kruimeltjes.
- Giet het citroenmengsel door een zeef in de afgebakken vorm.
- Schuif de vorm heel voorzichtig in de oven, de vulling is vloeibaar, dus houd de vorm zo recht mogelijk!
- Laat nog 30 minuten bakken.
- Laat afkoelen en zet de taart dan nog minstens 1,5 uur in de koelkast zodat het citroenmengsel plakkerig wordt.
- Bestrooi met poedersuiker en serveer.

FRAMBOZENDESSERT OP CITROENBODEM

Voor de citroenbodem

90 g eiwit
35 g suiker
40 g broyage (mengsel van 1 deel amandelpoeder en 1 deel suiker)
90 g poedersuiker
zeste van 1 citroen

Voor de mousse

6 gelatineblaadjes
200 ml melk
150 g suiker
300 g frambozencoulis
300 ml room

Voor de confituur

120 g verse frambozen
100 g geleisuiker voor confituur

- **Citroenbodem:** verwarm de oven op 180 °C.
- Klop het eiwit op met de suiker.
- Zeef de broyage met de poedersuiker en roer er de citroenzeste door.
- Spatel alles voorzichtig onder elkaar en spuit met behulp van een spuitzak een cirkel op een bakplaat.
- Laat 20 minuten bakken in de oven en laat daarna afkoelen.

- **Mousse:** laat de gelatine weken in koud water.
- Breng de melk aan de kook met de suiker.
- Knijp de gelatine uit en voeg hem bij de melk, roer tot hij helemaal opgelost is.
- Voeg nu de frambozencoulis toe en roer tot de massa goed afgekoeld is. Klop ondertussen de room half stijf.
- Spatel de room door het afgekoelde frambozenmengsel.
- Steek met een bakring zonder bodem een passende cirkel uit de citroenbodem. Bekleed de zijkanten van de bakring met bakpapier of met plasticfolie.
- Giet de mousse op de citroenbodem en zet minstens 1 uur in de diepvries.

- **Confituur:** Verwarm de frambozen tot ze helemaal zacht zijn.
- Duw ze door een fijne zeef zodat je geen pitjes meer hebt en zet opnieuw op het vuur.
- Strooi de geleisuiker erover en roer tot het geheel begint in te dikken.
- Haal van het vuur en neem het ondertussen bevroren frambozendessert uit de diepvries.
- Verwijder eerst de bakring en het bakpapier of de plasticfolie en strijk dan de nog warme confituur voorzichtig over de bovenkant. Door de koude stijft de confituur meteen op.
- Zet het dessert nog minstens een uurtje in de koelkast, zodat het langzaam kan ontdooien.

PARIS-BREST MET KOKOSCRÈME

Voor de Paris-Brest
200 ml water
100 g boter
150 g bloem
5 à 6 eieren

Voor de kokoscrème
100 g suiker
2 eierdooiers
45 g maïzena
350 ml melk
150 ml kokosmelk
1 vanillestokje

Tip: je kunt de soesjes ook apart maken en serveren met kommetjes gesmolten chocolade, chocomousse, slagroom etc.

- **Paris-Brest:** verwarm de oven voor op 180 °C.
- Verwarm het water met de boter op een laag vuur tot het kookpunt.
- Haal de kookpot van het vuur en voeg al roerend met een houten lepel de bloem toe.
- Zet weer op het vuur en blijf roeren tot het mengsel droog is en niet meer aan de pan kleeft.
- Haal de kookpot van het vuur en voeg al roerend een ei toe.
- Doe er een tweede ei bij zodra het deeg homogeen geroerd is.
- Herhaal dit tot alle eieren zijn gebruikt.
- Als het deeg nog te dik is om te kunnen spuiten (het mag net niet lopend zijn), voeg dan nog een half ei toe.
- Doe het deeg in een spuitzak met een gladde spuitmond.
- Teken met een dikke stift een cirkel op een blad papier en leg er een vel bakpapier op.
- Spuit soesjes die elkaar nét raken op de cirkelvorm.
- Laat ongeveer 20 minuten bakken tot ze goudgeel zijn.
- Haal ze uit de oven en laat ze afkoelen op een rooster.

- **Kokoscrème:** meng 50 gram suiker met de eierdooiers en de maïzena.
- Voeg een beetje melk toe tot een gladde pap ontstaat.
- Breng de rest van de melk aan de kook met de kokosmelk, de rest van de suiker en het vanillestokje.
- Voeg het eiermengsel aan de kokende melk toe en laat goed doorkoken.
- Doe de kokoscrème in een kom en bedek met plasticfolie die je op de crème drukt om velvorming te voorkomen.
- Laat afkoelen.
- Snijd de Paris-Brest voorzichtig overlangs door en spuit de kokoscrème op de onderste helft.
- Bedek met de bovenste helft en bestrooi met suiker of gemalen kokos.

MISÉRABLE

Waarschijnlijk mijn allerfavorietste dessertje, ik eet doodgraag misérable!

Voor de misérable

400 g eiwit
600 g suiker
400 g broyage (mengsel van 1 deel amandelpoeder en 1 deel suiker)
80 g bloem
poedersuiker, om af te werken

Voor de crème

200 ml water
200 g suiker
10 eierdooiers
500 g boter, in stukjes gesneden

- **Misérable:** verwarm de oven op 180 °C.
- Klop het eiwit stijf met 200 gram van de suiker.
- Zeef de rest van de suiker met de broyage en de bloem.
- Spatel dit voorzichtig door het opgeklopte eiwit.
- Bedek een bakplaat met bakpapier en strijk het beslag op de plaat.
- Laat ongeveer 20 minuten bakken in de oven tot het licht goudbruin ziet.

- **Crème:** verhit het water met de suiker tot 120 °C.
- Klop de eierdooiers los en giet het kokende suikerwater erop.
- Blijf op een lage stand kloppen tot de massa afgekoeld is.
- Voeg op het einde de boter er stukje voor stukje aan toe.

- Snijd de misérable in twee stukken.
- Strijk de crème egaal uit over de ene helft en bedek met de andere.
- Smeer een heel dun laagje crème over de bovenkant om de poriën af te sluiten
- Zet een uurtje in de koelkast.
- Strooi net voor het serveren een laagje poedersuiker over de bovenkant en snijd de misérable in stukjes.

Tip: je kunt met cacaopoeder een patroon in de bovenkant toevoegen.

GEBAKKEN BANANENTAARTJE

100 g suiker
2 eierdooiers
45 g maïzena
500 ml melk
1 vanillestokje
1 portie croûtedeeg (zie recept p. 8-9)
1 eetlepel boter
4 à 5 bananen, niet te rijp
2 eetlepels bruine suiker
75 ml verse slagroom (min 40% vetgehalte)
2 eetlepels poedersuiker
cacaopoeder voor decoratie

- Meng 50 gram van de suiker met de eierdooiers en de maïzena.
- Voeg een beetje van de melk toe tot een gladde pap ontstaat.
- Breng de rest van de melk aan de kook met 50 gram suiker en het vanillestokje.
- Voeg het eiermengsel aan de kokende melk toe en laat goed doorkoken.
- Doe de banketbakkersroom in een kom, dek af met plasticfolie, die je op de crème drukt om velvorming te voorkomen.
- Laat afkoelen.

- Bekleed ondertussen één grote of zes kleine vormen met het croûtedeeg.
- Zet de vormen even in de koelkast, zodat het deeg weer mooi vast wordt.
- Verwarm de oven voor op 180 °C.
- Laat de taartbodems ongeveer 12 minuten bakken in de oven.
- Klop de banketbakkersroom even los en doe hem in een spuitzak.
- Bedek de gebakken taartbodem met een flinke laag banketbakkersroom.
- Laat de boter smelten in een pan.
- Snijd de bananen in plakjes en leg ze in de pan.
- Bestrooi met de bruine suiker en laat karamelliseren.
- Schik de plakjes banaan op de banketbakkersroom.
- Zet nog 10 minuten in de oven.

- Laat de taartjes afkoelen en klop ondertussen de verse room op met de poedersuiker.
- Schep net voor het serveren een lepel slagroom op elk taartje en werk af met een snufje cacaopoeder.

TARTE MAISON

Voor de praliné
25 g eiwit
50 g suiker
75 g amandelschilfers

Voor het soezenbeslag
100 ml water
50 g boter
75 g bloem
3 eieren

Voor de gele room
100 g suiker
2 eierdooiers
45 g maïzena
500 ml melk
1 vanillestokje

250 g bladerdeeg
1 losgeklopt ei
1 pot krieken op siroop
1 eetlepel maïzena
250 ml slagroom
50 g poedersuiker, plus extra om te bestrooien

Tip: gebruik bij voorkeur een taartvorm waarvan je de bodem omhoog kunt duwen, zodat je de taart gemakkelijker uit de vorm kunt halen.

- **Praliné:** meng de ingrediënten met de hand tot alles net plakt en zet opzij zodat het kan drogen.

- **Soezenbeslag:** breng het water met de boter op een laag vuur aan de kook.
- Haal de pot van het vuur en voeg al roerend met een houten lepel de bloem toe.
- Zet weer op het vuur en blijf roeren tot het mengsel droog is en niet meer aan de pan kleeft.
- Haal de pot weer van het vuur en voeg al roerend een ei toe.
- Doe er een tweede ei bij zodra het deeg homogeen geroerd is.
- Herhaal dit met het derde ei.
- Als het deeg nog te droog is, kun je nog een half eitje toevoegen.

- **Gele room:** meng 25 gram van de suiker met de eierdooiers en de maïzena.
- Voeg een beetje melk toe tot een gladde pap ontstaat.
- Breng de rest van de melk aan de kook met de rest van de suiker en het vanillestokje.
- Voeg het eiermengsel toe aan de kokende melk en laat goed doorkoken.

- Verwarm de oven voor op 190 °C.
- Bedek de bodem van een ingevette bakvorm met het bladerdeeg.
- Prik gaatjes in de bodem.
- Meng het soezendeeg met de helft van de gele room.
- Spuit dit op het bladerdeeg.
- Bestrooi met de praliné en bestrijk de randen met het losgeklopte ei.
- Laat 30 minuten bakken in de oven.
- Haal de taart uit de oven, snijd op ongeveer 1 cm van de rand het deksel van de taart los en leg dit opzij om af te koelen.

- Haal nu de bodem voorzichtig uit de vorm en laat afkoelen.
- Giet de krieken af en breng het kriekensap aan de kook.
- Meng de maïzena met een beetje water en voeg dit aan het kokende kriekensap toe.
- Voeg zodra het kriekensap begint te binden, de krieken toe en zet opzij om af te koelen.
- Bedek de bodem van de afgekoelde taart met de rest van de gele room.
- Leg hierop een laag gebonden krieken.
- Klop de slagroom stijf met de poedersuiker en spuit grote toefen slagroom op de krieken zodat deze helemaal bedekt zijn.
- Leg het deksel terug op de taart en bestrooi met poedersuiker.

KAASTAARTJES

Voor de vulling

5 gelatineblaadjes
sap van 6 verse passievruchten
2 eetlepels vers citroensap
200 g ricotta
250 g verse roomkaas (type Philadelphia)
200 g suiker
2 eetlepels vanille-extract
75 ml slagroom (minstens 40% vetgehalte)

Voor de bodem

150 g petit-beurres
75 g gesmolten boter

- **Vulling:** laat drie gelatineblaadjes weken in koud water.
- Verwarm twee eetlepels van het passievruchtensap met het citroensap en doe er de uitgeknepen gelatine bij.
- Roer op een laag vuurtje tot deze volledig opgelost is.
- Klop de ricotta met de roomkaas, de suiker en het vanille-extract tot een glad geheel.
- Klop het gelatinesap erdoor.
- Voeg de room toe en meng goed.

- **Bodem:** verkruimel de petit-beurres en meng ze met de boter.
- Bedek een bakplaat met plasticfolie en zet hier ingevette vormen zonder bodem op.
- Schep een lepel kruimels in de vormen en druk goed aan.
- Giet het kaasmengsel in de vormen, maar laat nog minstens een halve centimeter ruimte over tussen het mengsel en de bovenkant van de vorm.
- Laat 4-5 uur opstijven in de koelkast.
- Laat de twee overgebleven gelatineblaadjes weken in koud water.
- Verwarm ondertussen de rest van het passievruchtensap en los de gelatine hierin op.
- Laat lichtjes afkoelen en neem dan de vormen uit de koelkast.
- Giet het sap over de kaas, versier eventueel met een paar pitjes en zet nog minstens 30 minuten terug in de koelkast.
- Haal de taart net voor het serveren uit de vorm.

Tip: hoe langer deze taartjes in de koelkast staan, hoe lekkerder ze worden. Probeer ze dus indien mogelijk een dag op voorhand te maken.

PERENMOUSSE MET CHOCOLADEBAVAROIS

Chocoladebavarois
(zie recept en tip p. 119)

Voor de perenmousse
6 gelatineblaadjes
200 ml melk
150 g suiker
300 g gekookte en gepureerde peren
300 ml room
donkere chocolade

100 à 150 g zanddeeg met amandelen
(zie p. 8-9)

(*) Chocolade glanst mooier als je plastic gebruikt. Je kunt hiervoor het beste de doorzichtige folie gebruiken zoals die waarmee de bloemist bloemen inpakt. Als je vaak mousses en bavarois maakt, kun je overwegen om in een gespecialiseerde zaak een rol 5 cm breed plastic te kopen, dat vooral voor dit soort bereidingen bedoeld is.

- **Chocoladebavarois:** maak de chocoladebavarois en stop hem in de diepvries. Je kunt de bavarois bijvoorbeeld ongeveer 1 centimeter dik uitgieten in een grote schotel en zo invriezen.

- **Perenmousse:** week de gelatine in koud water.
- Breng de melk met de suiker aan de kook en voeg de uitgeknepen gelatine toe, roer tot deze volledig opgelost is.
- Klop dit mengsel tot het lauw is.
- Voeg de gepureerde peren toe en klop verder tot de massa volledig koud is.
- Klop nu de room stijf en spatel die door het perenmengsel.
- Zet een ronde vorm zonder bodem op een stuk plasticfolie.
- Giet de vorm halfvol met perenmousse en zet deze in de diepvries. Zet de rest in de koelkast.
- Neem na ongeveer een half uurtje de perenmousse en chocoladebavarois uit de diepvries en leg in het midden boven op de mousse een laagje chocoladebavarois.
- Neem nu de rest van de perenmousse uit de koelkast, schep deze in de vorm en zorg dat de chocolade volledig bedekt en dus onzichtbaar is.
- Zet het geheel nu nog een uurtje of twee in de diepvries om op te stijven.

- **Zanddeeg:** maak het zanddeeg als op pagina 8-9.
- Maak een chocoladerand. Laat daarvoor een beetje donkere chocolade au bain-marie smelten.
- Haal de perenmousse uit de diepvries, haal hem uit de vorm en plaats hem op de afgekoelde zanddeegbodem.
- Gebruik de lege bakring om een stuk plastic(*) of bakpapier op de maat van de zijkant van de ring te snijden.
- Bestrijk met je vingers of een paletmes het plastic of het bakpapier met de gesmolten chocolade. Je kunt met streepjes werken of een motiefje tekenen.

- Druk het met chocolade bedekte plastic of papier meteen goed tegen de nog bevroren mousse aan. Haal na enkele minuten het plastic of het papier weg, de chocoladerand zal mooi tegen de mousse blijven staan.
- Laat de mousse nog eventjes ontdooien.
- Bestrijk ondertussen een reepje plastic van ongeveer 20 centimeter lang met chocolade en strijk er met een kam een lijntjespatroon in. Plooi de uiteinden van het plastic naar het midden toe zodat je druppelvormige decoraties krijgt. Zet in de koelkast om op te stijven. Haal net voor het serveren voorzichtig het plastic weg en schik de decoratie op de taart.

CHARLOTTE MET CITROENMOUSSE EN AARDBEIEN

Voor de lepelbiscuit

3 eieren
85 g suiker
85 g bloem
beetje poedersuiker om te bestuiven

Voor de citroenmousse

65 g eiwit
130 g suiker
130 ml citroensap
2 eierdooiers
30 g suiker
4 gelatineblaadjes
500 ml room
500 g verse aardbeien

100 à 150 g zanddeeg met amandelen (zie recept p. 8-9)

- **Lepelbiscuit:** verwarm de oven voor op 200 °C.
- Scheid de eieren.
- Voeg één eetlepel van de suiker toe aan de eierdooiers en voeg de rest van de suiker toe aan het eiwit.
- Klop het eiwit schuimig en stop met kloppen net voor het helemaal stijf is.
- Klop de eierdooiers los en doe ze bij het eiwit, mix heel kort tot ze opgenomen zijn maar niet zo lang dat het eiwit terug invalt.
- Spatel de bloem voorzichtig onder de massa.
- Spuit op een met bakpapier beklede bakplaat vingers die net niet tegen elkaar komen.
- Bestuif met poedersuiker.
- Laat 8-10 minuten bakken in de oven tot de lepelbiscuit mooi lichtbruin ziet.
- Haal van de bakplaat en leg op een rooster om af te koelen (zodat de biscuit mooi zacht blijft).

- **Zanddeeg:** maak het deeg zoals op pagina 8-9.
- Rol het deeg uit op 5 mm. Steek met een inox ring met hoge rand een ronde uit en bak deze in de ring af.
- Laat afkoelen.

- **Citroenmousse:** verwarm het eiwit met de suiker au bain-marie.
- Klop tot de suiker volledig opgelost is.
- Haal van het vuur en klop tot de massa koud is en een mooi glanzende meringue vormt.
- Breng het citroensap aan de kook.
- Klop ondertussen de eierdooiers met de suiker tot een bijna witte massa.
- Haal de pan van het vuur en voeg de massa aan het kokende citroensap toe.

- Zet opnieuw op het vuur en klop tot het geheel mooi gebonden is, maar laat het niet koken!
- Laat de gelatine weken en voeg toe aan de citroenmousse.
- Giet alles in de keukenmachine en klop tot het koud is.
- Roer de afgekoelde citroenmassa door de meringue.
- Klop de room lobbig en voeg toe aan de massa.
- Giet de mousse in de inox ring van het zanddeeg en zet minstens 1 uur in de diepvries.
- Werk de taart voor het serveren af: haal de citroenmousse uit de vorm en plaats ze op de zandbodem.

Zet de lepelbiscuit ertegen.

- Bedek met de verse aardbeien.
- Laat nog even staan tot de citroenmousse ontdooid is.
- Bestrooi net voor het serveren met poedersuiker.

BISCUIT MET CHOCOMOUSSEVULLING

Voor de chocomousse
50 ml water
200 g suiker
500 ml slagroom
1 eierdooier
500 g chocolade

Voor de chocoladebiscuit
4 eieren
5 eierdooiers
180 g suiker
150 g bloem
30 g cacaopoeder

Voor de chocoladekrokant
75 g giandujachocolade
50 g koekjes naar smaak

Voor de afwerking
100 g pure chocolade

(*) Om de twee helften weer precies hetzelfde op elkaar te leggen, kun je voor je begint te snijden een streepje chocomousse van boven tot beneden smeren. Als je dan beide helften weer op elkaar wilt leggen, moet je zorgen dat beide streepjes boven elkaar staan en één lijn vormen.

- **Chocomousse:** verwarm het water met de suiker en roer tot de suiker opgelost is.
- Verwarm verder tot 120 °C.
- Klop de slagroom ondertussen lobbig, maar niet helemaal stijf!
- Zet de slagroom meteen in de koelkast.
- Klop de eierdooier een beetje op en giet dan voorzichtig de suikerstroop erop terwijl je verder blijft kloppen.
- Klop sneller en blijf kloppen tot de massa koud is.
- Laat ondertussen de chocolade au bain-marie smelten en zet opzij om een beetje af te koelen.
- Doe de chocolade en een beetje van de room bij de suikermassa en meng alles goed. Voeg de rest van de room toe.
- Zet alles in de koelkast om op te stijven.

- **Chocoladebiscuit:** verwarm de oven voor op 180 °C.
- Klop de eieren en de eierdooiers au bain-marie tot ze schuimig zijn.
- Doe het eiermengsel in de keukenrobot en laat kloppen tot het weer koud is.
- Zeef de bloem met het cacaopoeder.
- Spatel de suiker en de bloem voorzichtig door het eiermengsel. Klop zo weinig mogelijk om de lucht in het deeg tehouden.
- Beboter een ronde bakvorm en bestuif die met bloem.
- Bak de biscuit ongeveer 30 à 35 minuten. Controleer met een cakeprikker of satépen of de biscuit gaar is.

- **Chocoladekrokant:** laat de chocolade au bain-marie smelten.
- Maal ondertussen de koekjes heel fijn.
- Roer de koekjes door de chocolade en meng goed.
- Draai een bakplaat om en bedek ze ruim met plasticfolie.
- Giet het mengsel hierop en plooi het plastic dicht.
- Rol het mengsel met een deegrol heel dun uit.

- Steek het met plaat en al in de diepvries om op te stijven.
- Snijd voor de afwerking de biscuit doormidden. (*)
- Steek met de bakvorm van de biscuit een ronde uit de opgesteven chocoladekrokant.
- Leg de krokant op de onderste helft van de biscuit.
- Smeer hierop een flinke laag chocomousse en blijf ongeveer 1 centimeter van de zijkant af.
- Bedek met de bovenste helft van de biscuit.
- Duw lichtjes, zodat de chocomoussevulling tot de rand komt maar er niet voorbij komt.
- Bedek de buitenkant met een dun laagje botercrème.
- Zet een half uurtje in de koelkast om op te stijven.
- Haal de taart uit de koelkast en smeer er nu een royale laag botercrème op, smeer deze zo egaal mogelijk uit.
- Zet opnieuw een half uurtje in de koelkast.
- Laat de pure chocolade au bain-marie smelten.
- Laat de chocolade een beetje afkoelen zodat hij nog vloeibaar is maar opnieuw begint in te dikken.
- Haal de taart uit de koelkast en giet voorzichtig de chocolade over de bovenkant, giet heel lichtjes langs de randen zodat de chocolade naar beneden drupt.
- Door de koude van de taart zal de chocolade meteen stollen en niet tot beneden lopen.
- Versier de bovenkant met chocoladeschilfers.

KWARKTAART MET RABARBER

Voor de rabarber
400 g jonge, roze rabarber
300 ml sauternes of andere zoete, witte wijn
2 eetlepels suiker

Voor de kwarkmousse
85 g suiker
20 ml water
2 eierdooiers
3 gelatineblaadjes
300 ml room
1 vanillestokje
250 g volle kwark

100 à 150 g zanddeeg (zie p. 8-9)
Biscuit joconde (zie p. 8-9)

Voor de afwerking
3 gelatineblaadjes
eventueel enkele koffielepels frambozencoulis

- **Rabarber:** was de rabarber en snijd de stengels in heel kleine stukjes.
- Breng in een steelpannetje aan de kook met de wijn.
- Strooi de suiker erover en laat 5 minuten koken.
- Giet ongeveer 200 milliliter van de wijn af in een kommetje en zet opzij.
- Laat de rabarbermoes inkoken tot een dikke, confituur-achtige massa.

- **Kwarkmousse:** verwarm de suiker en het water tot 113 °C.
- Doe de eierdooiers in een kom en giet er al kloppend het kokende suikerwater op.
- Blijf enkele minuten kloppen tot het mengsel koud is en een mooie, gele massa vormt.
- Week de gelatine in koud water.
- Verwarm enkele eetlepels van de room en voeg hier de uitgeknepen gelatine aan toe, roer tot deze volledig opgelost is.
- Schraap het merg uit het vanillestokje en roer dit door de room.
- Klop deze dan tot een lobbige massa.
- Roer de gelatineroom door de kwark en meng dit met het eierdooiermengsel.
- Spatel voorzichtig de room door het mengsel en zet opzij.

- **Zanddeeg:** maak het deeg zoals op pagina 8-9.
- Rol het deeg uit op 8 mm. Steek met de inox ring waarmee je de taart gaat opbouwen, een ronde uit het deeg en bak deze in de ring af.
- Laat afkoelen.

- **Biscuit joconde:** maak het deeg zoals op pagina 8-9.

→

- Werk de kwarktaart ten slotte af.
- Verwarm de oven voor op 200 °C.
- Steek met de inox vorm uit de afgekoelde biscuit joconde een passend stuk uit en leg dit opzij.
- Zet de vorm op plasticfolie en bedek de opstaande randen met plasticfolie of bakpapier.
- Leg hier de afgekoelde zanddeegbodem in.
- Verdeel de helft van de kwarkmousse over de bodem.
- Zet even in de diepvries om op te stijven voor je de volgende laag aanbrengt.
- Schep ondertussen de ingedikte en afkoelde rabarbermoes door de rest van de kwarkmousse.
- Leg de biscuit joconde op de onderste mousselaag.
- Schep daarop het rabarber-kwarkmengsel.
- Zorg dat er enkele millimeters aan de bovenkant van de vorm vrij worden gehouden, zodat de afdeklaag er nog bij kan.
- Zet opnieuw eventjes in de diepvries.
- Week ondertussen de gelatineblaadjes in koud water en verwarm de opzij gezette wijn.
- Los de uitgeknepen gelatine op in de warme wijn.
- Voeg voor een iets diepere rode kleur desgewenst nog enkele lepeltjes frambozencoulis toe, de zure smaak ervan past perfect bij de kwark en de rabarber.
- Laat de gelei voor de afwerking een beetje afkoelen en haal dan de kwarktaart uit de diepvries.
- Giet voorzichtig een dun laagje over de koude bovenkant, de gelei zal meteen stollen door de koude.
- Laat nog een uurtje of twee rusten in de koelkast.

IRISH-COFFEETAART

Voor de biscuit
5 eieren
6 eierdooiers
250 g suiker
200 g bloem

Voor de walnootmeringue
100 ml eiwit
150 g blonde cassonade
5 g aardappelbloem
50 g fijngemalen walnoten

Voor de granencrème
50 g suiker
1 eierdooier
25 g maïzena
250 ml haverdrank Oat dream
(of gewone melk)

Voor de afwerking
1 eetlepel koffievervanger Bambu,
plus extra om te bestrooien (of gemalen koffie)
3 gelatineblaadjes
65 ml whisky
500 ml room (minstens 40% vetgehalte)
100 g gehakte walnoten
1 koffielepel mokkaextract

(*) Meringue bewaart heel lang. Je kunt ze serveren bij de koffie of gebruiken als versiering op een taartje.

- **Biscuit:** verwarm de oven voor op 190 °C.
- Klop de hele eieren los met de eierdooiers en doe de suiker erbij.
- Zet de beslagkom in een pot warm water en klop tot de suiker volledig opgelost is en de massa een beetje luchtig wordt.
- Haal de kom uit de pot en blijf kloppen tot het mengsel koud en zeer luchtig is.
- Zeef er de bloem over en meng voorzichtig.
- Bedek een bakplaat met opstaande rand met bakpapier, giet het biscuitdeeg hierin en strijk het mooi glad met behulp van een paletmes.
- Laat ongeveer 9 minuten bakken, de biscuit moet terugveren als je er lichtjes in drukt met je vinger.
- Laat afkoelen.

- **Walnootmeringue:** verwarm de oven voor op 170 °C.
- Klop het eiwit tot schuim.
- Meng de cassonade met de aardappelbloem en de fijngemalen walnoten.
- Spatel dit mengsel heel voorzichtig door het eiwit.
- Bedek een bakplaat met bakpapier.
- Neem de inox ring waarin je de taart zult afwerken en gebruik die om een cirkel te tekenen op het bakpapier.
- Draai het bakpapier om zodat de inkt aan de onderkant zit en spuit met een spuitzak het deeg in de cirkel, ongeveer 0,5 cm hoog.
- Blijf een beetje van de rand af, want het deeg zal nog wat uitlopen.
- Met de rest van het deeg kun je eventueel een tweede cirkel of enkele decoratieve rondjes (*) spuiten.
- Laat ongeveer 40 minuten bakken in de oven, tot een mooi korstje ontstaat.
- Laat afkoelen.

→

- **Granencrème:** meng de helft van de suiker met de eierdooier en de maïzena.
- Voeg een beetje van de haverdrank toe tot een gladde pap ontstaat.
- Breng de rest van de haverdrank aan de kook met de rest van de suiker.
- Voeg het eiermengsel aan de kokende melk toe en laat goed doorkoken.
- Doe de granencrème in een kom en dek af met plasticfolie, die je op de crème drukt om velvorming te voorkomen.
- Laat afkoelen.

- Werk dan de taart af.
- Los de koffievervanger op in een heel klein beetje water, zodat je een dik papje hebt.
- Klop dit door de granencrème.
- Week de gelatine in koud water.
- Warm een klein beetje van de whisky op, voeg de uitgeknepen gelatine toe en roer tot deze volledig opgelost is.
- Voeg bij de rest van de whisky en roer zodat de warme whisky snel afkoelt.
- Mix bij de granencrème tot de massa mooi glad is.
- Klop ondertussen 200 milliliter van de room half op en roer er de gehakte walnoten door.
- Steek met een inox ring twee gelijke plakken uit de afgekoelde biscuit.
- Bekleed de zijkant van de inox ring met plasticfolie of bakpapier en zet de ring op een vel bakpapier.
- Leg een plak biscuit in de ring.
- Strijk daarop een mooie laag van de whiskycrème.
- Leg de walnootmeringue op de crème en schep er weer een laag whiskycrème bovenop.
- Eindig met de tweede biscuitplak.
- Zet minstens twee uur in de koelkast om op te stijven.
- Klop de rest van de slagroom stijf en roer er heel voorzichtig wat mokkaextract doorheen.
- Haal de taart uit de koelkast en verwijder de ring.
- Bedek de taart met een dun laagje slagroom en trek decoratieve pieken in de zijkant.
- Doe de rest van de slagroom in een spuitzak met gladde spuitmond en spuit willekeurige toefjes op de taart.
- Strooi er nog een beetje Bambu koffievervanger overheen en serveer.

Tip: je kan de haverdrank en koffievervanger ook vervangen door gewone melk en gemalen koffie.

HAZELNOOTTAART

Voor de hazelnootmeringue
250 ml eiwit
375 g suiker
14 g aardappelbloem
50 g grof gehakte hazelnoten

Voor de chocoladelaag
1 reep giandujachocolade
10 cl maiskiemolie

Voor de hazelnootbotercrème
75 g eiwit
150 g suiker
225 g boter op kamertemperatuur

Voor de gebrande amandelen
250 g suiker
125 g geschaafde amandelen
1 eiwit

- **Meringue:** verwarm de oven voor op 170 °C.
- Klop het eiwit met 125 gram van de suiker tot schuim.
- Meng de rest van de suiker met de aardappelbloem en de gehakte hazelnoten.
- Spatel dit mengsel heel voorzichtig door het opgeklopte eiwit.
- Neem de inox ring waarin je de taart zult afwerken en gebruik die om een cirkel op bakpapier te tekenen.
- Draai het bakpapier om, zodat de inkt aan de onderkant zit, en spuit met een spuitzak de meringue ongeveer 1 cm hoog in de cirkelvorm.
- Blijf een beetje van de rand af, want het deeg zal nog wat uitlopen.
- Met de rest van het deeg kun je eventueel een tweede cirkel of enkele decoratieve rondjes spuiten.
- Laat ongeveer 1,5 uur in de oven bakken, tot een mooie meringue ontstaat die nog niet te droog is.
- Laat afkoelen.

- **Chocoladelaag:** laat de chocolade au bain-marie smelten en roer er de olie door.
- Voeg er desgewenst nog wat extra heel fijn gemalen hazelnoten aan toe.
- Strijk de chocolade uit in cirkelvorm en laat opstijven.

- **Hazelnootbotercrème:** klop het eiwit en de suiker los met een garde.
- Klop daarna au bain-marie verder tot de suiker helemaal opgelost is.
- Giet het mengsel in de keukenmachine en klop op middelmatige snelheid verder tot de massa opgesteven is en de kom vanbuiten koud aanvoelt.
- Voeg de boter blokje per blokje toe en klop.

→

- Het geheel zal eerst korrelig worden en dan lijkt het alsof het zal schiften, maar dit is normaal, klop gewoon verder tot de massa glad is.

- **Gebrande amandelen:** meng de suiker en de amandelen goed en schep er dan voorzichtig het eiwit onder.
- Laat de amandelen in een pan op laag vuurtje bakken tot ze mooi bruin zijn.

- Werk ten slotte de taart af.
- Leg de hazelnootmeringue op een stevig taartkarton.
- Spuit met een spuitzak een 1,5 centimeter dikke laag hazelnootbotercrème op de meringue.
- Leg de dunne chocoladelaag erop.
- Spuit daarop nog een laag botercrème.
- Zet het karton op je ene hand en zet met je andere hand de gebrande amandelen ertegen.
- Probeer dit te doen terwijl je het karton zachtjes laat ronddraaien op je hand.
- Doe het boven een grote schotel of bakplaat, zodat je de amandelen die naar beneden vallen, opnieuw kunt gebruiken.
- Werk de bovenkant af met een klein toefje botercrème en leg er hier en daar een hazelnootje op.

Tip: je kunt de meringue ook lichtjes kleuren met een crème-brûléebrander. Doe dit wel voor je de toefjes botercrème erop spuit.

CHOCOMOUSSE

VOOR 8 PORTIES

200 g donkere chocolade
5 eierdooiers
8 eiwitten
300 ml verse room (minstens 40% vetgehalte)

- Breek de chocolade in stukjes en laat ze au bain-marie smelten.
- Haal de gesmolten chocolade van het vuur.
- Roer de eierdooiers door de chocolade. Roer meteen, anders krijg je een omelet!
- Klop de acht eiwitten tot schuim.
- Schep het chocolademengsel op het eiwit en roer heel luchtig door elkaar met een garde.
- Klop ondertussen de room stevig op.
- Als het eiwitschuim half gemengd is met de chocolade, voeg je de room toe.
- Klop voorzichtig verder tot alles mooi egaal is.
- Verdeel over glaasjes en zet enkele uren in de koelkast om op te stijven.

FUDGE

Dit recept is eigenlijk per ongeluk tot stand gekomen. Ik was browniedeeg aan het bereiden en tegelijk gecondenseerde melk met chocolade aan het opwarmen om fudge te maken. Toen ging de telefoon en vrolijk kwekkend met mijn vriendin roerde ik de noten die voor de brownie bestemd waren, in het melkmengsel en deed daarna alles in de reeds ingevette brownievorm. Nog steeds niet beseffend dat ik de dingen door elkaar aan het halen was, duwde ik de bakvorm de oven in en praatte vrolijk verder.
Het resultaat was superlekker en deze fudge was veel eenvoudiger dan mijn normale fudgerecept, alleen was de buitenkant te donker gebakken. De volgende keer heb ik overal bakpapier rond de fudge gelegd en de oven op een lagere temperatuur gezet en toen was het wel perfect.

1 blik (ca. 396 gr) zoete, gecondenseerde melk
300 g donkere chocolade, in stukjes gebroken
een handvol grof gehakte, gemengde noten

- Verwarm de oven voor op 165 °C.
- Warm de melk op, voeg de chocolade toe en roer tot die helemaal gesmolten is.
- Meng de noten door het mengsel.
- Bedek een vierkante bakvorm met bakpapier (bodem en zijkanten) en giet hier de fudge op.
- Bedek ook de bovenkant van de fudge met bakpapier.
- Laat 30 minuten bakken in de oven.
- Haal de vorm uit de oven en laat de fudge in de vorm afkoelen voor je hem uit de vorm haalt.
- Snijd in vierkantjes en serveer.

PIKELETS MET ZOETE VANILLERICOTTA

Ik wou eigenlijk crumpets maken voor in dit boek omdat ik die zo mooi vind met die gaatjes erin. Toen leerde ik Michael Vanheste kennen. Hij werkt in Engeland en stuurde me zijn recept voor de versie van crumpets uit Yorkshire: pikelets. Hij serveert ze met boter en jam, maar ik doe er een zoete vanillericotta met wat blauwe bessen bij. Getest en absoluut goedgekeurd!

VOOR 12 STUKS

Voor de pikelets

250 g bloem
5 g zout
5 g verse gist
390 ml lauw water
5 g bakpoeder
boter

Voor de zoete vanillericotta

1 vanillestokje
1 potje ricotta
1 eetlepel honing
eventueel 1 eetlepel suiker

- **Pikelets:** meng de bloem met het zout in een grote kom en maak een kuiltje in het midden.
- Los de gist op in 310 milliliter van het water en giet in het kuiltje.
- Meng tot een glad papje.
- Bedek met plasticfolie en zet een uur opzij tot het beslag goed gerezen is.
- Los het bakpoeder op in de rest van het lauwe water.
- Giet dit mengsel in het gerezen beslag en klop goed door, voeg desnoods nog wat water toe.
- Verwarm een pan en doe er een klein beetje boter in.
- Giet een flinke lepel beslag in de pan en laat bakken tot het deeg geel is.
- Draai de pikelet nu om en laat nog ongeveer 2 minuutjes bakken.

- **Vanillericotta:** schraap het merg uit het vanillestokje en meng het door de ricotta.
- Roer de honing door de ricotta en voeg eventueel de suiker toe.

KOFFIEMOUSSE

VOOR 6 KOPJES

Voor de chocoladekopjes

600 g chocolade

6 plastic koffiekopjes

Voor de koffiemousse

10 koffieboontjes

250 ml slagroom

1 gelatineblaadje

35 g suiker

18 ml water

2 eierdooiers

100 g witte chocolade

4 g oploskoffie (optioneel)

Voor de afwerking

slagroom

6 chocoladekoffieboontjes

(*) Als je geen tijd hebt om de boontjes te laten weken, dan kun je ook een reep mokkachocolade gebruiken in plaats van witte. Laat in dat geval de gelatine weg, die heb je alleen nodig als je witte chocolade gebruikt.

- **Chocoladekopjes:** laat de chocolade au bain-marie smelten tot 32 °C.
- Giet een sauslepel gesmolten chocolade in een plastic koffiekopje, draai ermee zodat de binnenkant volledig bedekt is en draai het kopje dan om zodat er alleen een dun laagje chocolade aan de binnenkant plakt.
- Doe dit met alle plastic kopjes.
- Neem dan opnieuw het eerste kopje en giet er een tweede laagje in.
- Doe zo voort tot je minstens drie of vier laagjes aangebracht hebt en je een dikke laag van bijna 0,5 centimeter hebt.
- Zet de kopjes omgekeerd, dus met de opening naar beneden op een met bakpapier beklede schotel.
- Maak met de resterende chocolade oortjes om aan het kopje vast te maken en zet in de koelkast om op te stijven.

- **Koffiemousse:** doe de koffieboontjes in een kom en giet er de slagroom over. (*)
- Zet een nachtje in de koelkast.
- Week de gelatine in koud water.
- Verwarm de suiker met het water tot 120 °C.
- Mix de eierdooiers ondertussen tot ze wit uitslaan.
- Giet er dan de suikerstroop bij en blijf goed mixen.
- Klop tot het mengsel afgekoeld is.
- Laat de chocolade au bain-marie smelten en voeg indien gewenst de oploskoffie toe.
- Roer de uitgeknepen gelatine door de chocolade tot hij opgelost is.
- Haal de koffieboontjes uit de slagroom. Klop de slagroom lobbig maar niet helemaal stijf.
- Doe een paar lepels slagroom bij de chocolade en meng goed.
- Voeg het eiermengsel erbij en klop alles goed door.
- Spatel nu de rest van de slagroom onder de massa en meng tot een egale massa.

- Neem de chocoladevormpjes uit de koelkast en haal voorzichtig de plastic kopjes weg. De chocolade is gekrompen dus dit zou vrij vlot moeten gaan.
- Zet een pannetje of een kookpot op het vuur en verwarm tot de bodem mooi warm is.
- Neem van het vuur en houd de oortjes voor het kopje even tegen de onderkant tot de chocolade een beetje gesmolten is.
- Druk ze dan op de gewenste plaats tegen het kopje en houd even vast tot de chocolade weer afkoelt en het oortje vastzit.
- Vul de kopjes met koffiemousse en zet in de koelkast om op te stijven.
- Versier net voor het serveren met een kleine toefje slagroom en een chocoladekoffieboontje.

KOFFIEKOEK MET HAZELNOOTFRANGIPANE

Voor de koffiekoek

40 g gist
165 ml lauwe melk
500 g bloem
50 g boter op kamertemperatuur
1 ei
5 g zout
50 g suiker

Voor de frangipanevulling

125 g boter op kamertemperatuur
125 g suiker
125 g tot poeder gemalen hazelnoten
2 eieren
65 g bloem

- **Koffiekoek:** los de gist op in de lauwe melk.
- Giet de melk bij de bloem en meng met de boter en het ei.
- Voeg na enkele minuten het zout en de suiker toe.
- Laat ongeveer 20 minuten kneden.
- Bedek het deeg met een natte handdoek en laat 15 minuten rijzen op een warme plaats.

- **Frangipanevulling:** klop de boter en suiker luchtig wit.
- Meng de fijngemalen hazelnoten eronder.
- Voeg één ei toe en meng goed voor je het tweede ei toevoegt.
- Zeef er als alles goed gemengd is, voorzichtig de bloem onder.

- Rol het deeg uit tot een lap van ongeveer 30 centimeter breed.
- Leg deze op bakpapier en bedek het midden van de lap met de hazelnootfrangipane. Zorg dat je links en rechts nog ongeveer 10 centimeter deeg open laat.
- Knip beide zijkanten met een schaar ongeveer 7 centimeter in en herhaal dit om de 2 centimeter.
- Neem het losgeknipte stukje dat het dichtst bij je ligt en plooi dat over de vulling heen naar de andere zijde. Zorg dat je ongeveer 2 centimeter hoger eindigt dan je begonnen bent.
- Neem nu het onderste losgeknipte stukje van de andere zijde en plooi dit over de vulling heen, ook 2 centimeter hoger eindigend. Herhaal dit voor de volledige koek zodat je een soort vlechtwerk krijgt.
- Als je een blinkende koek wilt, bestrijk de bovenkant dan met een losgeklopt ei.
- Strooi er nog wat gehakte hazelnoten overheen, bedek met plastic (bv. een opengeknipte plasticzak) en laat nog 15 minuten rijzen. Verwarm de oven voor op 180 °C.
- Laat de koek 35 à 50 minuten (afhankelijk van de grootte) in de oven bakken tot hij mooi bruin gebakken is.

MIEL D'ACA
DE FRANC

WENTELTEEFJES VAN MAMA

Als kind waren mijn broer en ik verzot op 'gebakken stuutjes'. Bij ons was dat geen ontbijt- maar avondkost en we zaten ons dan de hele dag op school te verlekkeren bij het idee dat we dat die avond zouden eten.

6 sneetjes brood
1 ei
3 eierdooiers
melk
boter

- Snijd de korstjes van het brood.
- Klop het ei en de eierdooiers los en giet er melk bij tot je een lopende textuur hebt.
- Doe dit mengsel in een soepbord.
- Verwarm een koekenpan en laat er wat boter in smelten.
- Week de sneetjes brood in het eiermengsel en bak ze op een hoog vuur tot ze aan beide kanten mooi bruin zijn.
- Serveer met poedersuiker, siroop of honing.

Tip van mama: gebruik geen bakmargarine, maar echte boter.

BRIOCHE MET APPEL EN ROZIJNEN

34 g gist
170 ml lauw water
375 g bloem
8 g zout
15 g suiker
1 ei
75 g boter
1 ei, losgeklopt, om te bestrijken
1 appel
4 eetlepels rozijnen
2 eetlepels amandelschilfers

- Los de gist op in het lauwe water en meng met de helft van de bloem.
- Laat 15 minuten rusten en voeg dan de rest van de bloem, het zout, de suiker, het ei en de boter toe.
- Kneed ongeveer 20 minuten tot een soepel deeg.
- Bedek de kom met een natte handdoek en laat 15 minuten rijzen.
- Verdeel het deeg in porties van 50 gram en maak er bolletjes van.
- Laat nog 10 minuten rijzen.
- Vet een ronde bakvorm goed in.
- Neem drie bolletjes, druk ze samen, rol uit en bedek de bodem van een ronde bakvorm hiermee.
- Bestrijk de randen met een deel van het losgeklopte ei.
- Snijd de appel in stukjes en verdeel die over de bodem, maar zorg dat je ongeveer 1 centimeter van de rand blijft. Strooi er de rozijnen en de amandelschilfers over.
- Schik de rest van de bolletjes tegen elkaar op het deeg, ervoor zorgend dat de bodem bedekt is.
- Bestrijk de bovenkant met de rest van het losgeklopte ei.
- Laat nog 30 à 40 minuten rijzen op een warme plaats.
- Verwarm ondertussen de oven voor op 230 °C.
- Laat het brood 10-12 minuten bakken in de oven.

ECCLES CAKES

Eccles cakes zijn te vergelijken met appelflappen, maar hebben een iets andere vulling. Traditioneel zit er citroen- of sinaasappelzeste in, veel gedroogde bessen en nogal wat kruiden. Ik ben zelf niet zo gek op gedroogde bessen in gebak, daarom heb ik mijn eigen versie gemaakt met dadels en appel.

45 g boter
50 g donkere cassonade
60 g rozijnen
40 g appel, in blokjes gesneden
1/2 eetlepel stemgember
1/2 koffielepel nootmuskaat
1 theelepel kaneel
50 g dadels, heel fijn gesneden
8 plakjes bladerdeeg
1 eiwit
kristalsuiker

- Verwarm de oven voor op 190-200 °C.
- Klop de boter en de suiker samen tot een romig, wit mengsel.
- Voeg de rest van de ingrediënten, behalve het eiwit en de kristalsuiker, toe en meng goed.
- Leg de plakjes bladerdeeg naast elkaar en druk de vier hoeken van elk plakje een beetje plat.
- Bestrijk ze met een beetje water.
- Schep twee eetlepels van het vulsel in het midden van elk plakje en breng de hoeken naar elkaar, zodat je een soort buideltje vormt. Druk de randen goed tegen elkaar.
- Draai om, zodat de naden onderaan zitten.
- Druk met een deegroller voorzichtig een beetje plat zonder het deeg te scheuren.
- Maak drie sneetjes in de bovenkant van elke cake, bestrijk met eiwit en strooi er wat kristalsuiker overheen.

- Je kunt de vulling ook gewoon op de ene helft van het deeg leggen en de andere helft erover plooien, vastzetten met wat water en zo afbakken.
- Laat 15-20 minuten bakken in de oven, tot de eccles cakes goudbruin zijn.

PISANG GORENG

Een jaar of twintig geleden trok ik met mijn rugzak door Indonesië en proefde ik voor het eerst dit overheerlijke gerecht. Ondertussen heb ik het in zowat heel Azië gegeten en ontdekt dat de allerlekkerste versie geserveerd wordt in het Tung Ka Café op Khao Rang Hill in Phuket Town. Hun combinatie met een scheutje ahornsiroop maakt het gewoon af. De prachtige zonsondergang op hun terras krijg je er als bonus bij.

200 g bloem
snufje zout
2 eieren
1 koffielepel suiker
1 eetlepel olie, plus olie om te wokken
2 dl bier
3 à 4 grote bananen
poedersuiker
ahornsiroop

- Zeef de bloem met het zout en meng al roerend met de eieren, de suiker, de olie en het bier tot een glad papje zonder klonters.
- Giet ongeveer 3 centimeter olie in een wokpan en verwarm tot de olie begint te borrelen.
- Snijd de bananen in stukken, haal ze door het beignetbeslag en bak ze in de hete olie.
- Draai ze om zodat ze overal mooi bruin worden.
- Laat ze afkoelen, bestrooi met poedersuiker en serveer met ahornsiroop.

Tip: gebruik voor dit gerecht bij voorkeur bananen die nog maar net rijp zijn, zo behoud je de krokante beet ook na het frituren. Je kunt ze ook warm serveren, maar ik vind de smaak intenser als ze koud zijn.
Je kunt ook oliebollen van het beslag maken. Laat voorzichtig een flinke eetlepel van het beslag in de olie glijden. Laat de bollen aan beide kanten goudgeel bakken. Bestrooi met poedersuiker en serveer warm.

FRUITSUSHI

200 ml melk
200 ml kokosmelk
zeste van 1/2 citroen
30 g boter
100 g risottorijst (type carnaroli)
3 eetlepels honing
2 eetlepels suiker
1 granny-smithappel
verse aardbeien
verse munt
coulis van rode vruchten

- Breng de melk met de kokosmelk en de citroenzeste aan de kook.
- Laat de boter smelten in een grote pan met een dikke bodem.
- Voeg de rijst toe en bak deze 2 minuten onder voortdurend roeren.
- Doe er dan 100 milliliter van de melk bij en roer tot alles door de rijst is opgenomen.
- Voeg weer een kleine soeplepel melk toe en roer tot alles door de rijst is opgenomen.
- Ga op deze manier door tot de rijst beetgaar en romig is.
- Zet het vuur iets lager en blijf roeren tot de rijst droog genoeg is om er sushi van te maken.
- Haal van het vuur en roer de honing en de suiker door de rijst.
- Maak sushi's van de rijst en leg ze op een schotel.

- Snijd de appel en de aardbeien in plakjes.
- Leg ze op de sushi (gebruik eventueel wat honing om ze vast te plakken) en garneer met verse munt.
- Serveer met een coulis van rode vruchten.

Tip: gebruik voor dit recept alleen echte risottorijst, je kunt hem echt niet vervangen door gewone rijst.

CHOCOLADEBAVAROIS

VOOR 8 PORTIES

165 ml melk
4 eierdooiers
100 g suiker
3 gelatineblaadjes
160 g chocolade
335 ml room

- Breng de melk aan de kook.
- Klop ondertussen de eierdooiers op met de suiker.
- Laat de gelatineblaadjes in koud water weken en zet opzij.
- Breek de chocolade in heel kleine stukjes en doe deze in een grote kom.
- Haal de melk van het vuur zodra ze kookt.
- Doe enkele lepels melk bij het eiermengsel, roer goed en voeg het mengsel dan toe aan de warme melk.
- Klop goed, zodat een mooie, egaal gebonden massa ontstaat.
- Zet opnieuw op het vuur en roer tot alles mooi ingedikt is.
- Giet het mengsel op de chocoladestukjes, knijp de gelatine goed uit en voeg toe.
- Roer goed door tot de chocolade en de gelatine volledig opgelost zijn.
- Laat afkoelen tot de massa begint te binden en ongeveer op lichaamstemperatuur is.
- Klop de room half stijf en spatel die voorzichtig door de massa.
- Verdeel in siliconevormpjes of glaasjes en zet minstens 4 uur in de koelkast om op te stijven.
- Haal de bavarois uit de vorm, laat nog een beetje chocolade smelten en strijk die over de bovenkant.

Tip: als je bavarois over hebt, giet ze dan in kleine siliconen vormen en vries ze in. Je kunt ze gebruiken als vulling in taartjes, bv. bij de perenmousse van pagina 80.

BROODPUDDING

Nog zo'n herinnering uit mijn kinderjaren. Ik heb mijn mama nooit zien wegen, ze nam een grote kookpot en deed daar al het brood in dat ze overhad, scheurde er nog wat plakken peperkoek doorheen en goot daar melk over tot het brood onder stond. Dan voegde ze nog een zakje vanillepudding, twee of drie eieren en enkele scheppen bruine suiker toe. Ze roerde er niet eens in, de pot werd opzijgezet en een uur of zo later was alles week geworden door de melk en bakte ze de pudding af. Ik bedoel maar, het steekt bij broodpudding allemaal zo nauw niet. Voeg dus gerust peperkoek, koffiekoeken die je overhebt, wat gebroken speculoos, appeltjes, een scheutje honing of wat dan ook toe.

50 g rozijnen
een scheutje rum
300 g brood zonder korsten
150 g kristalsuiker
50 g bruine suiker
5 eieren
20 g vanillepuddingpoeder
500 ml melk

- Laat de rozijnen weken in de rum.
- Scheur het brood in stukjes en doe die in een grote kom.
- Strooi er de twee soorten suiker over.
- Klop de eieren los in een kom en giet ze over het brood.
- Los het puddingpoeder op in een beetje melk, voeg bij de rest van de melk en roer dit door het broodmengsel.
- Zet opzij en laat minstens een half uurtje weken.
- Verwarm ondertussen de oven voor op 185 °C.
- Haal de rozijntjes uit de rum en roer ze door het mengsel.
- Giet alles in een beboterde of met bakpapier beklede cakevorm.
- Laat 45-50 minuten bakken in de oven.
- Laat de broodpudding afkoelen in de vorm.

Tip: je kunt voor een meer uitgesproken smaak en donkerder kleur de kristalsuiker door bruine suiker vervangen.

KARAMELLEN

Klaar in een wip en verslavend lekker ...
Ik heb een versie met Luikse siroop, eentje met cuberdons en eentje met gezouten boter gemaakt.

240 ml room (minstens 40% vetgehalte)
80 g boter, in blokjes
snufje zout
1 vanillestokje
340 g suiker
60 ml water
80 g Luikse siroop

Tip: roer wat koffielepeltjes in de karamel en laat opstijven. Gebruik ze om je ijsje mee op te lepelen.

- **Luikse-siroopkaramellen:** breng de room met de boter, het zout en het vanillestokje aan de kook en zet opzij.
- Kook het water met de Luikse siroop tot je een mooie, stroperige karamel hebt.
- Haal het vanillestokje uit de room en giet de room heel voorzichtig bij de kokende suiker. Pas op voor spetters.
- Houd een garde bij de hand om alles meteen door te roeren.
- Verwarm op een middelmatig vuur tot minstens 120 °C, roer regelmatig goed door.
- Op een temperatuur van 120 °C krijg je een zachte en heel plakkerige karamel. Op een temperatuur van 130 °C ontstaat mooie, harde, maar nog snijdbare karamel. Boven de 130 °C krijg je keiharde karamel.
- Bekleed terwijl de karamel nog aan het koken is, een vierkante, vuurvaste schotel met bakpapier. Giet de karamel, zodra hij de juiste temperatuur heeft, in de schotel en laat afkoelen.
- Snijd de karamel in kleine stukjes nadat hij afgekoeld is, en bewaar in een gesloten pot.

- **Cuberdonkaramellen:** ga te werk volgens dezelfde werkwijze, maar vervang de Luikse siroop door 80 g cuberdonsiroop of gewone cuberdons.
- Deze karamel heeft een iets minder diepe kleur. Hij zal ook niet zo hard worden, de structuur is iets brozer.

- **Gezouten-boterkaramellen:** ga te werk volgens dezelfde werkwijze, maar vervang de boter door gezouten boter en voeg één koffielepel grof zeezout toe aan het room-botermengsel.
- Strooi ongeveer 20 minuten nadat de karamel in de schotel gegoten is, nog wat grof zeezout over de karamel en laat verder afkoelen. Als je dit vroeger doet, smelt het zout in de karamel.

CHOCOPASTA

Er gaat gewoon niets boven zelfgemaakte chocopasta!

200 g boter
300 g giandujachocolade
4 eieren
150 g suiker (enkel als je graag zoete pasta hebt)

- Laat de boter en de chocolade au bain-marie smelten.
- Klop de eieren los en voeg eventueel de suiker beetje bij beetje toe.
- Laat de boter en de chocolade afkoelen tot maximaal 40 °C.
- Voeg het chocolademengsel toe aan het ei-suikermengsel en roer goed door elkaar.
- Giet het mengsel in potjes en laat afkoelen.
- Laat de pasta enkele uren opstijven in de koelkast.

- **Serveeridee:** Snijd cirkeltjes uit een boterham.
- Bak de cirkels kort in een pan, zodat ze krokant worden.
- Smeer een laagje chocopasta op de bovenkant van een cirkel en leg daar een paar plakjes banaan op.
- Besmeer dan de onder- en bovenkant van een andere cirkel met chocopasta en leg die boven op de banaan.
- Leg er opnieuw een laagje banaan op.
- Besmeer nog een cirkel aan de onderkant met chocopasta en leg die op de banaan.

Tip: je kunt alle varianten maken die je wilt door de smaak van de chocolade te variëren. In de supermarkt verkopen ze een keur aan 'chocoladetabletten met een smaakje'.

MANGOMOUSSE

70 g suiker
140 g eiwit
400 g gepureerde mango
4 gelatineblaadjes
250 ml room
1 koffielepel gemalen pistachenoten

- Meng de suiker met het eiwit en verwarm au bain-marie tot de suiker opgelost is.
- Klop enkele minuten op tot het mengsel afgekoeld is en een mooie, glanzende meringue vormt.
- Voeg hier de gepureerde mango aan toe en meng voorzichtig.
- Week de gelatine in koud water.
- Verwarm enkele lepels van de room en los de uitgeknepen gelatine hierin op.
- Klop ondertussen de rest van de room tot een lobbige massa en voeg al kloppend de gelatineroom toe.
- Meng dit voorzichtig door het mangomengsel.
- Giet in glaasjes en zet minstens 3 uur in de koelkast om op te stijven.
- Werk af met wat gemalen pistachenootjes.

Tip: je kunt hier perfect diepvriesmango voor gebruiken.

ZOUTS

ZOETE AARDAPPEL-MET-WORTELCAKE

Deze cake smaakt zoeter dan brood, maar is niet zo zoet als een gewone cake.

VOOR 1 CAKE

200 g zoete aardappelen, geschild
175 g wortelen, geschild
115 g boter
2 eieren
6 eetlepels sinaasappelsap
225 g bloem
200 g suiker
1 koffielepel bakpoeder
1 koffielepel nootmuskaat
1 koffielepel kaneel
snufje zout
75 g hazelnoten

- Verwarm de oven voor op 175 °C.
- Kook de aardappelen en de wortelen gaar en pureer ze samen.
- Laat de boter smelten en voeg ze samen met de eieren en het sinaasappelsap bij de puree.
- Meng in een aparte kom de bloem met de suiker, het bakpoeder en de kruiden.
- Voeg de puree beetje bij beetje bij het bloemmengsel en roer goed.
- Hak de hazelnoten fijn en roer ze door het deeg.
- Vet een broodbakblik goed in met bakspray en vul de vorm voor drievierde.
- Laat de cake ongeveer 60 minuten bakken in de oven.
- Laat eventjes afkoelen in het blik voor je de cake eruit haalt.

De structuur is zeer compact en blijft klef door de aardappelen, denk dus niet dat je cake nog niet genoeg gebakken is!

HARTIGE MUFFINS MET TOMATENSPREAD

Het hele huis ruikt overheerlijk als deze in de oven zitten!
Je kunt naar smaak extra kruiden, fijngehakte ui of olijven toevoegen.

Voor de muffins

250 g zelfrijzende bloem
35 g geraspte Parmezaanse kaas
1 eetlepel suiker
2 eetlepels gedroogde kruiden, ui of olijven
1 koffielepel zout
2 eieren
135 ml melk
125 g gesmolten boter

Voor de tomatenspread

2 eetlepels zongedroogde tomaten
kruiden, indien gewenst

- **Muffins:** verwarm de oven voor op 185 °C.
- Meng de bloem met de kaas, de suiker, kruiden en het zout.
- Meng in een andere kom de eieren met de melk en de boter.
- Giet voorzichtig bij het bloemmengsel.
- Vet een muffinblik in met bakspray en vul de vormpjes voor drievierde.
- Laat 15-20 minuten bakken in de oven.
- Laat afkoelen.

- **Tomatenspread:** mix de zongedroogde tomaten tot een gladde pasta. Voeg indien gewenst kruiden toe.
- Serveer met de muffins.

HASSELBACK AARDAPPELEN MET ZALM EN ZURE ROOM

Gebruik voor dit recept mooie grote aardappelen. Dit gerecht kun je op talloze manieren klaarmaken. Je kunt knoflookteentjes of laurierblaadjes tussen de schijfjes steken, ze bestrooien met Provençaalse kruiden enzovoort, afhankelijk van het gerecht waarbij je ze zult serveren. De zalm kun je vervangen door verse grijze garnalen of kaviaar.
De naam Hasselback verwijst naar de naam van het restaurant in Stockholm waar deze aardappel voor het eerst geserveerd werd.

3 grote aardappelen
1 eetlepel boter op kamertemperatuur
boter om in te vetten
peper en zout
3 eetlepels zure room
2 sneetjes gerookte zalm
verse dille

- Verwarm de oven voor op 220 °C.
- Haal indien nodig een klein schijfje van de onderkant van de aardappelen af, zodat ze mooi plat zijn.
- Maak op regelmatige afstand sneetjes in de aardappel, erop lettend dat je de aardappel niet helemaal doorsnijdt (leg bijvoorbeeld links en rechts tegen de aardappel een snijplankje).
- Smeer de aardappelen in met de boter en leg ze in een ingevette ovenschaal.
- Kruid met peper en zout.
- Laat ongeveer 35 à 40 minuten bakken tot de aardappel mooi gaar is.
- Laat lichtjes afkoelen en schep dan op elke aardappel een eetlepel zure room.
- Snijd de zalm in fijne reepjes en verdeel ze over de aardappelen.
- Garneer met dille en server meteen.

SOEPKORSTJES

Er gaat werkelijk niets boven zelfgemaakte croutons!

oud brood
olie
teentje knoflook
gedroogde kruiden (dille, rozemarijn, oregano, dragon enz.)

- Snijd de korsten van het brood en verdeel het in rechthoekjes of kleine vierkantjes.
- Verhit een flinke scheut olie in een pan en bak hierin het fijngesnipperd teentje knoflook.
- Leg een laag van de blokjes brood in de pan, bestrooi royaal met de kruiden en giet er nog een flinke scheut olie overheen. Laat goed bakken tot de korstjes mooi krokant zijn.
- Ga zo verder tot je genoeg korstjes hebt.
- Bewaar in een luchtdichte doos.

Tip: heb je geen oud brood? Leg dan enkele boterhammen een uurtje of twee onbedekt naast elkaar, zodat ze uitdrogen.

GRISSINI

5 g gist
250 ml lauw water
500 g bloem
1 eetlepel volkorenbloem
60 ml olijfolie
50 g boter
10 g zout
kruiden (sesamzaad, Italiaanse kruiden, grof zeezout)

- Los de gist op in het lauwe water.
- Meng de bloem met de volkorenbloem en voeg het gistmengsel toe. Roer goed.
- Voeg de olijfolie beetje bij beetje toe, gevolgd door de boter en ten slotte het zout.
- Kneed een paar minuten tot een homogene massa.
- Leg het deeg in een met olijfolie ingevette kom en bedek met plasticfolie.
- Laat ongeveer 45 minuten rijzen.
- Verwarm de oven op 195 °C.
- Sla de lucht uit het deeg en rol het deeg uit tot een rechthoek.
- Snijd het deeg in reepjes en bestrooi naar smaak met kruiden.
- Draai de uiteinden van de reepjes in tegengestelde richting zodat je een spiraal krijgt en leg op een met bakpapier beklede bakplaat.
- Laat de grissini ongeveer 20 minuten bakken in de oven, tot ze mooi goudbruin zijn.

CRACKERS

Je kunt deze crackers enkele weken bewaren in een luchtdichte doos. Lekker bij een kaasschotel maar ook met guacamole of elke andere dip.

VOOR 20 STUKS

175 g volkorenbloem
20 g suiker
10 g zout
1 koffielepel cayennepeper
1 koffielepel komijn
60 g boter
250 ml water
grof zeezout

- Verwarm de oven voor op 200 °C.
- Meng de bloem met de suiker, het zout, de cayennepeper en de komijn.
- Snijd de boter in blokjes en kneed die door het deeg tot het korrelig wordt.
- Voeg drievierde van het water toe aan de massa en kneed tot een soepel deeg, voeg dan lepel per lepel de rest van het water toe tot het deeg mooi soepel is.
- Rol het deeg uit op een licht bebloemd werkblad.
- Snijd het deeg in vierkantjes en leg ze op een met bakpapier beklede bakplaat.
- Bestrooi een deel ervan met grof zeezout, je kunt ook met andere kruiden werken afhankelijk van wat je er nadien bij wil serveren.
- Laat ongeveer 10 minuten bakken in de oven, tot de crackers mooi bruin zijn.
- De meeste ovens bakken niet gelijkmatig, dus draai je bakplaat halverwege om.

FOCACCIA

500 g bloem
10 g suiker
15 g zout
37 g gist
300 ml lauw water
7 ml olijfolie
12 g gesmolten boter

50 ml olijfolie
zeezout, verse rozemarijn, knoflook, olijven ... voor de afwerking

- Meng de bloem en het zout in een grote mengkom.
- Los de gist op in het lauwe water.
- Maak een kuiltje in de bloem en giet het water erin.
- Schep met een houten lepel langzaam bloem van de rand van de kuil in het water. Kneed ongeveer 5 minuten.
- Voeg op het einde de olijfolie en de gesmolten boter toe, doe dit in heel kleine beetjes zodat de hoeveelheid telkens opgenomen is voor je het volgende scheutje toevoegt.
- Leg het deeg opnieuw in de mengkom en bedek met een schone theedoek.
- Laat 45 minuten rijzen tot het volume van de bal deeg minstens verdubbeld is.
- Plet ondertussen naar smaak knoflook en takjes rozemarijn in een flinke scheut olijfolie.
- Verdeel het deeg naar wens in vier porties of behoud één grote portie.
- Rol het deeg op een met bakpapier beklede bakplaat uit tot ongeveer 2 à 3 cm dikte.
- Bestrijk het deeg royaal met de kruidenolijfolie en duw met je vinger kuiltjes in het deeg tot je het werkblad eronder voelt.
- Vul de gaatjes met kruiden of olijven en giet er nog wat olijfolie over tot het geheel overal goed glanst.
- Strooi indien gewenst grof zeezout over de bovenkant.
- Zet het deeg 30 minuten onafgedekt opzij tot het mooi gerezen is.
- Verwarm de oven voor op 200 °C.
- Zet een vuurvaste schaal met water onder in de oven.
- Schuif het deeg voorzichtig in de oven en laat ongeveer 20 minuten bakken.
- Serveer lauw.

PARMEZAANTUILES

Een eenvoudig knabbeltje voor bij het aperitief.

VOOR 12 STUKS

60 g verse Parmezaanse kaas
peper

Je hebt ongeveer 5 gram Parmezaanse kaas nodig voor één koekje. Ik rasp de kaas met een dunschiller, dat werkt perfect en de kaas plakt zo niet aan elkaar.

- Verwarm de oven voor op 180 °C.
- Rasp de kaas en kruid met peper.
- Leg maximaal zes hoopjes op een met bakpapier beklede bakplaat.
- De koekjes lopen uit, dus laat voldoende ruimte vrij tussen de hoopjes.
- Bak de tuiles in 6 à 8 minuten goudbruin.
- Haal ze uit de oven.
- Als je gebogen tuiles wilt, schep ze dan met behulp van een paletmes meteen op een lege fles, een koffiekopje of een deegrol. Werk snel, want de koekjes worden meteen hard.

PISTOLETS

500 g bloem
22 g gist
225 ml koud water
17 g boter
9 g zout
2 g suiker

maanzaad, sesamzaad, granen ...
om af te werken

- Meng de bloem met de gist, het water en de boter en kneed goed.
- Gebruik hiervoor de deeghaak van de keukenmachine.
- Voeg na 5 minuten kneden het zout en de suiker toe.
- Laat nog 10 minuten kneden tot een soepel en glad deeg ontstaat. Als je een stukje deeg tussen beide wijsvingers en duimen uit elkaar trekt, moet je een soort vliesje hebben, dan weet je dat het voldoende lang gekneed is.

- Laat 10 minuten voorrijzen onder een schone theedoek.
- Verdeel het deeg in porties van 40 gram en maak er mooie bolletjes van.
- Laat opnieuw 10 minuten rijzen.
- Zet ondertussen kommetjes klaar met daarin maanzaad, sesamzaad, granen ...
- Besproei de bovenkant van de pistolets met een weinig water (een plantenspuit is daar ideaal voor) en druk ze voorzichtig in de zaadjes.
- Schik de pistolets op ongeveer 1 centimeter van elkaar op een bakplaat. Als je grote pistolets wil, leg ze dan wat verder uit elkaar, zodat ze tijdens het rijzen niet aan elkaar gaan plakken.
- Bedek met plasticfolie en zet opzij om te rijzen.
- Afhankelijk van de temperatuur in de ruimte kan dit 30 tot 60 minuten duren.
- Verwarm de oven voor op 200 °C en zet een vuurvaste schotel met water onder in de oven.
- Spuit met een plantenspuit in de oven en schuif de pistolets in de oven.
- Laat 25 minuten bakken tot ze mooi goudbruin zijn.

BLINI

Voor de blini's

70 g zelfrijzende bloem
snufje zout
1 eetlepel dille (alleen voor de blini's met zalmmousse)
1 ei
185 ml melk

Voor de mousse

1 kleine ui
250 g gerookte zalm of gerookte forel
2 theelepel mierikswortel (*)
peper
zout
mayonaise of zure room
gehakte dille of dragon

- **Blini's:** zeef de bloem met het zout in een kom.
- Roer de dille erdoor (alleen voor de blini's met zalmmousse).
- Klop het ei los met de melk en klop het mengsel door de bloem tot een glad beslag.
- Verhit een pan, doe een heel klein beetje boter erin en schep met een koffielepel kleine hoopjes in de pan.
- Bak mooi bruin aan beide zijden.

- **Mousse:** snipper de ui en doe samen met de gerookte zalm of de gerookte forel, de mierikswortel en een eetlepel zure room of mayonaise in de cutter. Voeg indien nodig nog een theelepel mayonaise of zure room toe.
- Roer er wat gehakte dille (bij de zalm) of dragon (bij de forel) door, en kruid met peper en zout.

(*) Ik gebruik mierikswortel vaak in de plaats van mosterd, ook bijvoorbeeld op mijn boterham met kaas. Je kunt mierikswortel in een klein bokaaltje in de supermarkt kopen en bewaren in de koelkast.

SHOPPING LIST

De Ark van Zarren, Zuidzandstraat 19, 8000 Brugge, www.arkvanzarren.be
Decoratiehuis Dali, Koning Ridderdijk 24-25, 8434 Westende, www.dali-matisse.be
Els Debremaeker van Njamelicious, www.njamelicious.be
Habitat Antwerpen, GB Shoppingcenter, Groenplaats, 2000 Antwerpen, www.habitat.be
Kaasmeesters Van Tricht, Fruithoflaan 41, 2600 Berchem, www.kaasmeestervantricht.be
Dille & Kamille, Vleminckstraat 9, 2000 Antwerpen, www.dille-kamille.be
Maison du Monde, Kernenergiestraat, 2610 Wilrijk, www.maisonsdumonde.com
Sissy-Boy, Drukkerijstraat 36, 2000 Antwerpen, www.sissy-boy.be
Tafel van Amandine, Fruithoflaan 39, 2600 Berchem, www.tafelvanamandine.be
Zara Home, Meir 58, 2000 Antwerpen, www.zarahome.com

En verder alle vrienden, familieleden en kennissen
die ons in hun kasten lieten snuisteren. Bedankt !

www.lannoo.com
Registreer u op onze website en we sturen u regelmatig een nieuwsbrief met informatie over nieuwe boeken en met interessante, exclusieve aanbiedingen.

Juliette's Artisanale Koekenbakkerij
Wollestraat 31A
8000 Brugge
www.juliettes.be

Tekst en recepten: Brenda Keirsebilck, Katrien Vandamme en Frank Pollet
Fotografie: Stefan Jacobs
Shopping en tafelschikkingen: Régine Geerts van De tafel van Amandine
Beeldbewerking: Pixco
Stramien: Leen Depooter — quod. voor de vorm.
Vormgeving: Quick red fox

Als u opmerkingen of vragen heeft, dan kunt u contact nemen met onze redactie:
redactielifestyle@lannoo.com

D/2012/45/428 - NUR 440-441
ISBN: 978 94 014 0419 8

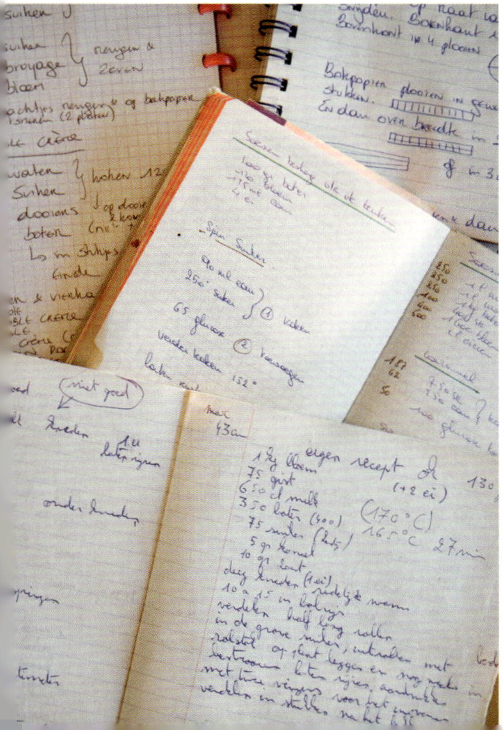

Een bakboek maak je niet alleen. Ik heb het geluk bij Juliette's samen te werken met twee getalenteerde bakkers. Met veel enthousiasme brachten ook zij hun persoonlijke bakschriftjes en stapels ideeën mee. Bedankt, Katrien en Frank!